EBS 얼짱 강사 레이나의 올 어바웃 스피킹

All About Speaking

영어울렁증 극복 프로젝트

동양북스

레이나의
All About Speaking

초판 4쇄	2017년 9월 20일
지 은 이	레이나
발 행 인	김태웅
편 집 장	강석기
기 획	황준
디 자 인	방혜자, 이미영, 김효정, 서진희
마케팅 총괄	나재승
마 케 팅	서재욱, 김귀찬, 이종민, 오승수, 조경현
온라인 마케팅	김철영, 양윤모
제 작	현대순
총 무	한경숙, 안서현, 최여진, 강아담
관 리	김훈희, 이국희, 김승훈, 이규재
발 행 처	동양북스
등 록	제 10-806호(1993년 4월 3일)
주 소	서울시 마포구 동교로 22길 (04030)
전 화	02-337-1737
팩 스	02-334-6624
홈페이지	http://www.dongyangbooks.com

ISBN 978-89-8300-932-6   13740

▷ 본 책은 저작권법에 의해 보호받는 저작물이므로 무단 전재와 복제를 금합니다.
▷ 잘못된 책은 구입처에서 교환해드립니다.

Preface

레이나는 어떻게 그렇게 영어를 잘하나요?

제가 살면서 가장 많이 듣는 질문입니다. 머리가 특별히 좋은 것도 아닌, 사교육을 거금 들여 오래 받은 적도 없는 제가 영어를 잘하는 비결은 사실 한두 가지가 아니겠지요. 여러 가지 시행착오를 거쳐 저만의 노하우가 생긴 거라 말씀드릴게요. 그리고 그 중의 한 가지가 "No 부담 No 스트레스"라는 것입니다. 부담은 곧 스트레스로 이어집니다. 시작을 멋있게 해보려다 그게 부담이 되어 보신 적 있으시죠? AFKN, CNN 등을 큰 마음먹고 청취 연습을 했다가 몇 번이나 좌절하셨나요? 영문법 책, 독해 책, 몇 만 단어 완성 vocabulary 책 등을 시작했다가 초반에 그만두고 피하셨나요? 그리고 그 상처들에 영어 자체가 짐 덩어리가 되지는 않으셨나요?
　결국엔 스스로를 이렇게 규정짓죠. '난 영어울렁증 환자다'.

　영어는 언어입니다. 결국은 영어 자체가 목적이 아니라 소통의 수단이라는 것이죠. 그렇다면 본인이 즐겁게 할 수 있고, 바쁜 와중에 틈틈이 조금씩 부담 없이 할 수 있는 내용으로 소통을 해보는 건 어떨까요? 짤막한 이야기가 담긴 영어책이나 챕터북, 팝송, 미드 등으로 틈새시간을 채우세요. 그리고 회화의 틀은 바로 레이나의 울렁증 처방전인 "All About Speaking"으로 시작하세요.

　　영어회화 교재도 유행이란 것이 있습니다. 상황별 영어, 서바이벌 영어, 최근의 패턴영어회화까지 다양하죠. 중요한 것은 아무리 패턴이 학습이 된다고 해도 적절한 문맥과 상황에 맞게 나오려면 패턴만 가지고는 부족하다는 것입니다. 그리고 영어답고 맛깔나게 말을 하지 못하고 더듬거려서 외운 것을 꺼내려고만 해서는 더더욱 회화가 늘지 않습니다. "All About Speaking"은 일상생활에서 가장 많이 쓰는 상황 속의 회화 표현 중에 패턴화 할 수 있는 것들로 구성했습니다. 그리고 무엇보다 책을 읽는 여러분이 직접 저와 회화 연습을 할 수 있게 동영상 강의를 담아보았습니다. 실제 상황 속에 저와 대화를 한다고 생각하시고 연기를 해보세요. 많이 해볼수록 실제로 써먹기 쉬워집니다. 한 가지 꼭 기억할 것은 "영어는 질러야 는다."는 것입니다. 틀리는 것 걱정하지 말고 일단 내뱉고 따라하고 또 듣고 다시 말해보세요. 본 교재의 표현들이 한국말을 할 때처럼 필요한 순간에 불쑥불쑥 나오게 될 것입니다.

　　"All about Speaking"은 영어를 딱딱한 학문이 아니라 재미를 위한, 소통을 위한 수단으로 만들어줄 내용들로 여러분을 찾아가려고 합니다. 본 교재를 많이 사랑해 주시고, 꼭 마지막 페이지까지 같이 걸어가 주시기 바랍니다.

　　여러분의 일상 속 영어에 대한 작은 관심이 모여 네이티브 같은 회화 실력을 만들어내는 것이란 사실을 잊지 마세요. 한걸음 한걸음, 꾸준히 열심히 하세요!

　　Keep up the good work!

About this book

일상생활에서 가장 많이 쓰는 표현들을 테마별로 묶어서 총 27개의 Chapter로 구성되어 있다. 또한 각 Chapter는 3~4개의 unit으로 나누어 대화를 보여주고 있다.

간단한 대화에서 알아두면 좋은 표현들을 소개하고 있다.
Tips에서는 친절한 설명으로 대화를 활용할 수 있는 노하우를 제공하고 있다.

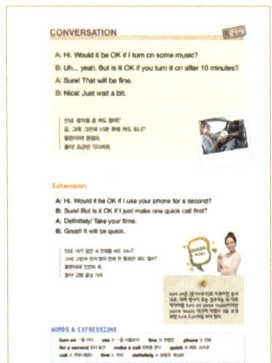

앞에서 학습한 대화를 본격적으로 들어보고 연습할 수 있는 코너이다.
Extension에서는 동일한 상황의 대화를 한 번 더 학습할 수 있어서 반복학습이 가능하다.

▶ Mark You
　추가적으로 알아두면 좋은 문법이나 표현에 대한 보충 설명을 하고 있다.

▶ Words & Expressions
　대화에서 다루고 있는 어휘나 표현을 반복적으로 제시해주고 있어 손쉽게 대화를 이해할 수 있다.

배운 내용을 활용하는 코너로 3가지 다양한 방법으로 직접 대화를 할 수 있도록 유도하고 있다.

▶ 아래 제시한 답은 다양한 대답 중에서 학습한 내용을 바탕으로 한 possible answer이다. 따라서 다양한 대답이 가능하다.

총 6개 파트의 마지막에는 "네이티브처럼 말하기" 코너를 만들어 자연스럽게 영어를 말하는 6가지 Tip을 제시하고 있다.

레이나의 동영상 강의

무엇보다도 이 책의 가장 큰 장점은 귀에 쏙쏙 들어오는 레이나 선생님의 동영상 강의를 들을 수 있다는 것이다. 매 Chapter마다 제공되는 27편의 동영상 강의는 책으로 공부한 후에도 계속해서 재미있게 반복할 수 있는 동기를 제공해준다.

Contents

PART 1

Chapter 1	인사/헤어짐	13
Chapter 2	제안/요청	23
Chapter 3	부탁	33
Chapter 4	사양	43
Chapter 5	감사/사과	53
Chapter 6	칭찬	63

네이티브처럼 말하기

PART 2

Chapter 7	쇼핑 1	75
Chapter 8	쇼핑 2	85
Chapter 9	인터넷 쇼핑	97
Chapter 10	예약	107

네이티브처럼 말하기

PART 3

Chapter 11	음식 주문	121
Chapter 12	파티	131
Chapter 13	외식	141
Chapter 14	음주	151

네이티브처럼 말하기

PART 4

Chapter 15	날씨	165
Chapter 16	취미	175
Chapter 17	교통	185
Chapter 18	전화/통화	195

네이티브처럼 말하기

PART 5

Chapter 19	병	209
Chapter 20	기분	219
Chapter 21	스포츠	229
Chapter 22	결혼/데이트/이성	239

네이티브처럼 말하기

PART 6

Chapter 23	길 찾기	253
Chapter 24	여행	263
Chapter 25	외모	273
Chapter 26	성격	283
Chapter 27	직업	291

네이티브처럼 말하기

PART 1

Chapter 1　인사/헤어짐
Chapter 2　제안/요청
Chapter 3　부탁
Chapter 4　사양
Chapter 5　감사/사과
Chapter 6　칭찬
네이티브처럼 말하기

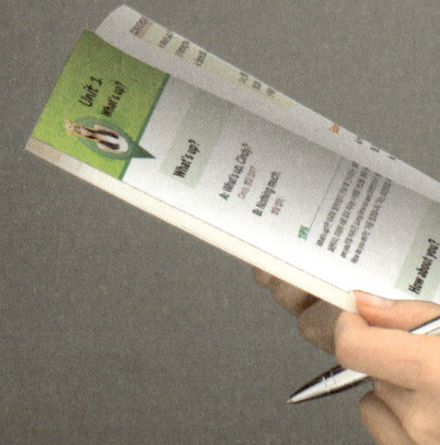

Chapter 1
인사/헤어짐

Unit 1
What's up?

Unit 2
Long time no see.

Unit 3
What brings you here?

Unit 4
I'll catch you later.

Unit 1
What's up?

What's up?

A: What's up, Cindy?
　Cindy, 별일 없지?

B: Nothing much.
　별일 없어.

TIPS

What's up?은 미국의 젊은이들이 만날 때 인사하는 표현으로 격식 없이 자연스럽게 쓸 수 있는 표현이다. 이외에 서로 알고 지내는 사람을 만났을 경우 How are you doing?(잘 지내니?), How are you?(잘 지내니?), Long time no see.(오랜만이야.) 등으로 표현한다. 우리에게 익숙한 표현인 How do you do?는 "처음 뵙겠습니다."라는 표현으로 처음 만날 때 사용한다.

How about you?

A: How about you?
　너는 어때?

B: Same old.
　늘 똑같아.

TIPS

How about you? 대신에 What about you?(너는 어때?)라고 바꿔 표현할 수 있으며, 이에 대한 대답으로 Not bad.(나쁘지 않아.), Fine.(좋아.), Terrific.(아주 좋아.) 등이 있다.

CONVERSATION

A: What's up, Cindy?
B: Nothing much. How about you?
A: Same old.

> Cindy, 별일 없지?
> 별일 없어. 너는 어때?
> 늘 똑같아.

Extension

A: How are you doing?
B: Good. How are you?
A: So so.

> 어떻게 지내니?
> 좋아. 너는 어때?
> 그저 그래.

WORDS & EXPRESSIONS

nothing 대 아무것도 (~아니다)　**same old** 늘 똑같은
so so 좋지도 않고 나쁘지도 않은, 그저 그만한

Unit 2
Long time no see.

Long time no see.

A: Long time no see. How have you been?
오랜만이야. 어떻게 지냈어?

B: Great.
잘 지내.

TIPS

Long time no see.는 "오랜만이야."라는 뜻으로 오랜만에 친구를 만났을 때 사용하며, How have you been?은 "그동안 어떻게 지냈어?"라는 뜻으로 have를 생략하고 How you been? 이라고도 말한다.

How is your business doing?

A: How is your business doing?
사업은 어때?

B: Not bad.
좋아.

TIPS

How is ~?는 상대방의 안부뿐만 아니라 How is your project going?(그 프로젝트는 잘 진행되니?)처럼 업무나 사업 등의 진행 상태를 물어볼 때도 사용한다. 대답은 Not bad. 대신에 So far so good.(지금까지 좋아.), Not so good.(좋지는 않아.) 등으로 할 수 있다.

CONVERSATION

A: Long time no see. How have you been?
B: Great. How is your business doing?
A: Not bad.

오랜만이야. 어떻게 지냈어?
잘 지내. 사업은 어때?
좋아.

Extension

A: How have you been?
B: Terrific! How is your project going?
A: So far so good.

어떻게 지냈어?
아주 좋아! 프로젝트는 어때?
지금까지는 좋아.

How is it going?은 How is it going with you?에서 with you가 생략된 표현이다. it은 사정·상황을 막연히 나타내는 뜻으로 상대방의 생활이나 하는 일 등을 의미한다.

WORDS & EXPRESSIONS

business 명 사업   **project** 명 프로젝트   **terrific** 형 아주 좋은, 훌륭한

Unit 3
What brings you here?

What brings you here?

A: What brings you here?
여기는 무슨 일로 왔어?

B: I'm here to buy a T-shirt.
티셔츠 사러 왔어.

TIPS

What brings you here?는 "여기에 무슨 일로 왔어?"라는 의미로 Why did you come here? 와 같은 뜻이며, 병원에서 의사가 환자에게 어디가 아파서 왔냐고 물어보는 의미로도 쓴다. I'm here to buy a T-shirt. 대신에 I'm here to meet my friend.(친구 만나러 왔어.)나 I'm here to watch a movie.(영화 보러 왔어.) 등으로 바꿔 표현할 수 있다.

Take care.

A: Oh, I see. Enjoy your shopping.
아, 그렇구나. 즐거운 쇼핑해라.

B: Thank you. Take care.
고마워. 잘 가.

TIPS

enjoy 다음에는 목적어로 동명사가 온다. 동명사란 [동사+-ing]의 형태로 동사와 명사의 기능을 가지고 있으며, 문장에서 주어 · 보어 · 목적어 역할을 한다. Take care.는 헤어질 때 주로 하는 인사말로 "잘 지내.", "안녕, 잘 가."라는 뜻으로 가족이나 친구 등에게 사용한다. Take care. 대신에 So long.(안녕.)으로 바꿔 표현할 수 있다.

CONVERSATION

A: What brings you here?
B: I'm here to buy a T-shirt.
A: Oh, I see. Enjoy your shopping.
B: Thank you. Take care.

여기는 무슨 일로 왔어?
티셔츠 사러 왔어.
아, 그렇구나. 즐거운 쇼핑해라.
고마워. 잘 가.

Extension

A: What brings you to this mall?
B: I'm here to buy blue jeans.
A: Oh, I see. Enjoy your shopping.
B: Thank you. So long.

이 쇼핑센터에 웬일이야?
청바지 사러 왔어.
아, 그렇구나. 즐거운 쇼핑해라.
고마워. 잘 가.

WORDS & EXPRESSIONS

bring 동 (특정 상태·장소에) 있게 하다, 가져오다   **enjoy** 동 ~을 즐기다   **mall** 명 상점가, 쇼핑몰
(blue) jeans 명 청바지   **So long.** 잘 가.

Unit 4
I'll catch you later.

I'll catch you later.

A: I have to go now. I'll catch you later.
   지금 가야겠어. 나중에 봐.

B: OK. See you again.
   그래. 또 만나.

TIPS

I'll catch you later.는 "나중에 봐."라는 의미로 Catch you later.라고 줄여서 말하기도 한다. 여기서 have to 대신 좀 더 구어적인 표현으로 gotta를 쓸 수 있다. I gotta go now.(나 지금 가야 해.)라고 상대방이 말하면 See you again.(또 만나.), Take care.(조심히 가.), See you.(또 봐.) 등으로 답할 수 있다.

Please say hello to your husband.

A: Please say hello to your husband.
   남편에게 안부 전해줘.

B: Thank you. I will.
   고마워. 그럴게.

TIPS

Please say hello to your husband.는 "남편에게 안부 전해줘."라는 의미이며, 이와 유사한 표현으로 love나 regards를 이용하여, Please give my love[regards] to your mother.(네 어머니에게 안부 전해줘.)라고 표현할 수 있다.

CONVERSATION

A: I have to go now. I'll catch you later.
B: OK. See you again.
A: Please say hello to your husband.
B: Thank you. I will.

> 지금 가야겠어. 나중에 봐.
> 그래. 또 만나.
> 남편에게 안부 전해줘.
> 고마워. 그럴게.

Extension

A: I gotta go now. Catch you later.
B: OK. See you. Give my love to your mother.
A: Thank you. I will.

> 나 지금 가야 해. 나중에 봐.
> 좋아. 또 봐. 너희 어머님께 안부 전해줘.
> 고마워. 그럴게.

WORDS & EXPRESSIONS

have to ~ 해야 하다   **later** 분 나중에   **say hello to** ~에게 안부 전해주다
husband 분 남편   **gotta** ~해야겠다(구어체로 (have) got a, (have) got to를 줄여쓴 말)

CASE 1 단어들을 활용해 대화를 완성하세요.

A: I have to go now. _____.
(catch, later, I'll, you)
지금 가야겠어. 나중에 봐.

B: OK. See you again.
그래. 또 만나.

A: _____.
(say, please, hello, your, to, husband)
남편에게 안부 전해줘.

B: Thank you. I will.
고마워. 그럴게.

CASE 2 대화를 완성해 보세요.

A: 별일 없지, Cindy?

B: Nothing much. 너는 어때?

A: 늘 똑같아.

CASE 3 다음 질문에 대한 답을 직접 해보세요.

How have you been?

▶ 그다지 나쁘지 않아.
▶ 지금까지는 좋아.
▶ 그럭저럭 지내고 있어.

CASE 1. I'll catch you later / Please say hello to your husband
CASE 2. What's up / How about you? / Same old.
CASE 3. Not bad. / So far so good. / Managing.

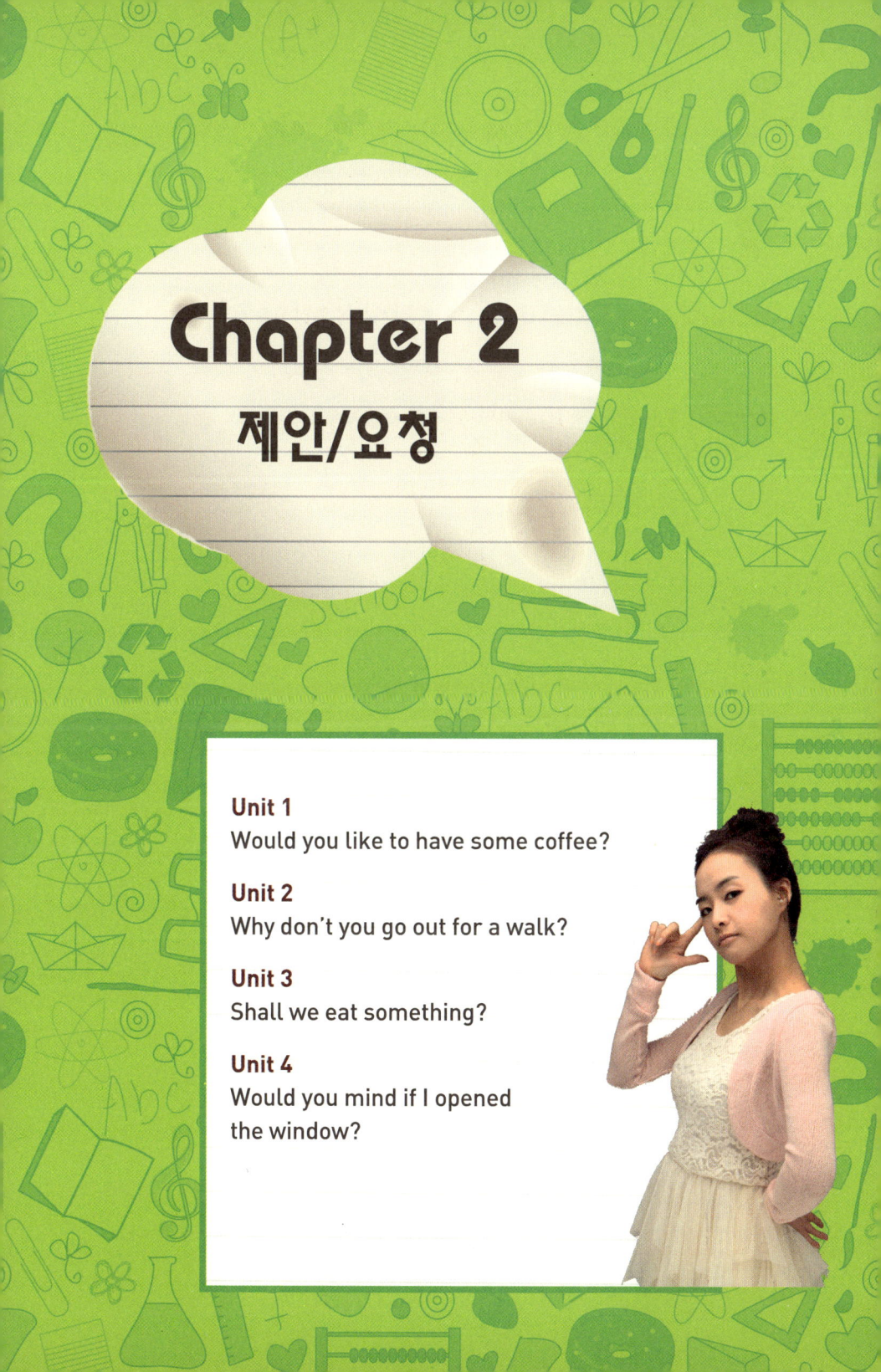

Unit 1
Would you like to have some coffee?

Would you like to have some coffee?

A: Would you like to have some coffee?
커피 좀 드시겠어요?

B: Yes, please.
예, 주세요.

TIPS

Would you like to ~?는 상대방에게 '~하겠어요?'라고 권유할 때 사용한다. Would you like to have some coffee?에서 to have를 생략하고 Would you like some coffee?라고 표현할 수 있다. 여기서 some은 '몇 개'가 아니고 '약간의', '좀'이란 의미이다. 이에 대한 답으로는 긍정이면 Yes, please.(예, 주세요.), 부정이면 No, thanks.(아뇨, 괜찮아요.)라고 하면 된다.

▶ Would you like to go shopping with me? 저와 함께 쇼핑하시겠어요?
▶ Would you like to come with me? 저와 함께 가시겠어요?

How do you like it?

A: How do you like it?
어떻게 드릴까요?

B: Black, please.
블랙으로 주세요.

TIPS

How do you like it?은 "마음에 드세요?", "어떻게 할까요?"라는 뜻으로 How do you like your steak?은 "스테이크를 어떻게 해드릴까요?"라는 의미이다. Black. 대신에 With cream. 이나 With sugar. 등으로 표현할 수 있다.

CONVERSATION

A: Would you like to have some coffee?
B: Yes, please.
A: How do you like it?
B: Black, please.

> 커피 좀 드시겠어요?
> 예, 주세요.
> 어떻게 드릴까요?
> 블랙으로 주세요.

Extension

A: Would you like to order now?
B: I will have a steak.
A: How would you like your steak?
B: Medium, please.

> 지금 주문하시겠어요?
> 스테이크로 할게요.
> 스테이크를 어떻게 해드릴까요?
> 중간 정도로 구워 주세요.

※ 고기의 익힘 정도의 순서
Rare(설익은) → Medium Rare → Medium → Medium Well-done → Well-done(잘 익은)

WORDS & EXPRESSIONS

have 동 먹다, 마시다   **black** 형 우유[크림]을 안 넣은   **order** 동 주문하다
steak 명 스테이크   **medium** 형 (고기 따위를) 중간쯤 익힌

Unit 2
Why don't you go out for a walk?

Why don't you go out for a walk?

A: Why don't you go out for a walk?
산책하러 나가는 게 어때?

B: That sounds good.
좋은 생각인 것 같아.

TIPS

Why don't you ~?는 '~하는 것이 어때?'라는 의미로 상대방에게 권유할 때 쓴다.

▶ Why don't you take a rest?   좀 쉬는 게 어때?
▶ Why don't you go out for dinner?   저녁 외식하는 게 어때?

That sounds good.은 "좋은 생각인 것 같아."라는 의미로 That을 생략하고 Sounds good.이라고 표현할 수 있다. 그리고 good 대신 great, interesting 등으로 바꿔 표현할 수도 있다.

How about taking a walk in the park?

A: How about taking a walk in the park?
공원에서 산책하는 게 어때?

B: OK, fine with me.
좋아.

TIPS

How about ~?은 '~을 하는 건 어때?', '~은 어때?' 등의 의미로 상대방에게 무언가를 제안하거나 권유할 때 사용한다. How about ~ 대신에 What about ~을 사용해서 표현할 수도 있다. 전치사 about 다음에는 명사나 동명사가 와야 한다는 것을 알아두자.

▶ What about going to a movie with me tonight?   오늘 저녁 나랑 영화 보러 가는 게 어때?

CONVERSATION

A: Why don't you go out for a walk?
B: That sounds good.
A: How about taking a walk in the park?
B: OK, fine with me.

> 산책하러 나가는 게 어때?
> 좋은 생각인 것 같아.
> 공원에서 산책하는 게 어때?
> 좋아.

Extension

A: Why don't you go out for dinner with me?
B: That sounds good.
A: How about Korean food?
B: OK, fine with me.

> 나와 저녁 먹으러 나갈래?
> 좋은 생각이야.
> 한국 음식 어때?
> 좋아.

WORDS & EXPRESSIONS

go out for a walk 산책하러 나가다	**sound** 동 ~인 것 같다	**take a walk** 산책하다
park 명 공원	**dinner** 명 저녁 식사	**Korean food** 한국 음식

Unit 3
Shall we eat something?

Shall we eat something?

A: Shall we eat something?
뭐 좀 먹을까?

B: All right.
좋아.

TIPS

shall은 '~할까?'라는 뜻으로 상대방에게 제안할 때 사용하는 표현이다. Shall we ~? 대신 Let's ~.로 바꿔 표현할 수 있다. 이에 대한 긍정의 대답으로 Sounds great., Yes, let's do that., Okay., All right. 등이 있다.

Let's order Chinese food.

A: Let's order Chinese food.
중국 음식을 시켜 먹자.

B: Oh, great. I want to eat greasy food.
좋아. 기름진 음식이 먹고 싶어.

TIPS

Let's는 Let us의 줄임말로 '~하도록 하자'라는 뜻이다. 반대로 '~하지 말자'는 Let's not ~.으로 표현한다.

- ▶ Let's eat out for a change. 기분 전환을 위해 외식하자.
- ▶ Let's go swimming. 수영하러 가자.
- ▶ Let's not go to the party. 파티에 가지 말자.

CONVERSATION

A: Shall we eat something?
B: All right.
A: Let's order Chinese food.
B: Oh, great. I want to eat greasy food.

뭐 좀 먹을까?
좋아.
중국 음식을 시켜 먹자.
좋아. 기름진 음식이 먹고 싶어.

Extension

A: Shall we eat out for a change?
B: All right.
A: How about Chinese food?
B: Sounds good. I like Chinese food.

기분 전환을 위해 외식할까?
좋아.
중국 음식 어때?
좋아. 나는 중국 음식을 좋아해.

WORDS & EXPRESSIONS

something 대 무언가 **order** 대 주문하다 **Chinese food** 중국 음식
greasy 형 기름진 **eat out** 외식하다 **change** 명 기분 전환, 변화

Unit 4
Would you mind if I opened the window?

Would you mind if I opened the window?

A: Would you mind if I opened the window?
창문을 열어도 될까요?

B: No, I don't mind.
예, 괜찮아요.

TIPS
Would you mind if ~?는 상대방에게 예의를 갖춰 허락을 구할 때 사용하는 표현이다. 이때 허락을 나타내는 대답으로 No, go ahead., No, I don't mind., Of course not. 등이 사용되고, 거절의 대답으로는 I'd rather not., Yes, I would. 등이 사용된다.

▶ A: Would you mind if I opened the window? 창문을 열어도 될까요?
　B: I'd rather not. 창문을 열지 않았으면 해요.

I think so, too.

A: I think we need fresh air.
우리한테 신선한 공기가 필요하다고 생각해요.

B: I think so, too.
나도 그렇게 생각해요.

TIPS
I think so.는 "나도 그렇게 생각해."라는 뜻으로, 여기서 so는 '그렇게', '그와 같이', '그런 식으로' 등의 의미를 가지고 있다. 여기서 too는 문장 전체를 수식하여 '~도 또한'이라는 뜻이다.

▶ Do it so.　그렇게 해라.
▶ I'm hungry, too.　나도 역시 배가 고프다.

CONVERSATION

A: Would you mind if I opened the window?
B: No, I don't mind.
A: I think we need fresh air.
B: I think so, too.

창문을 열어도 될까요?
예, 괜찮아요.
우리한테 신선한 공기가 필요하다고 생각해요.
나도 그렇게 생각해요.

Extension

A: Would you mind if I smoked here?
B: Yes, I would. This is a non-smoking area.
A: Oh, I see.

이곳에서 담배를 피워도 될까요?
아니요, 안 돼요. 이곳은 금연 구역이에요.
오, 알았어요.

WORDS & EXPRESSIONS

| mind 동 꺼려하다 | need 동 필요하다 | fresh 형 신선한 | air 명 공기 | so 부 그렇게 |
| smoke 동 담배를 피우다 | here 부 여기에 | non-smoking area 금연 구역 | | |

CASE 1 단어들을 활용해 대화를 완성하세요.

A: _____ I opened the window?
　(you, would, if, mind)
　창문을 열어도 될까요?

B: No, _____. (don't, I, mind)
　예, 괜찮아요.

A: I think we _____. (fresh, need, air)
　우리한테 신선한 공기가 필요하다고 생각해요.

B: _____, too. (think, I, so)
　나도 그렇게 생각해요.

CASE 2 대화를 완성해 보세요.

A: Shell we eat something?

B: All right.

A: 시켜 먹자 Chinese food.

B: Oh, great. 기름진 음식이 먹고 싶어.

CASE 3 다음 질문에 대한 답을 직접 해보세요.

<mark>Would you like to have some coffee?</mark>

▸ 예, 주세요.
▸ 아뇨, 괜찮아요.
▸ 좋아요.

CASE 1. Would you mind if I / I don't mind / need fresh air / I think so
CASE 2. Let's order / I want to eat greasy food.
CASE 3. Yes, please. / No, thanks. / Sounds good.

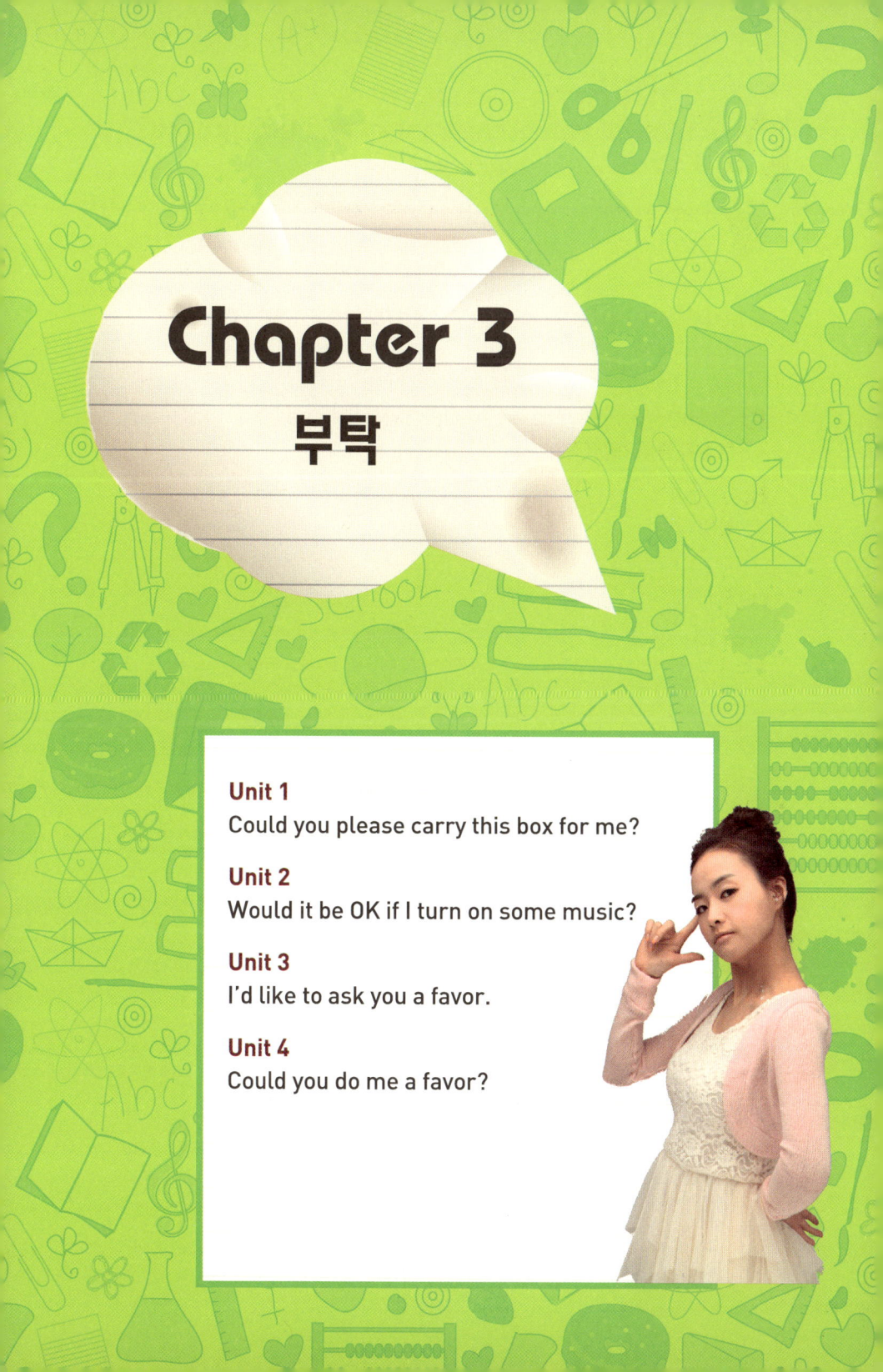

Unit 1
Could you please carry this box for me?

Could you please carry this box for me?

A: Could you please carry this box for me?
이 상자 좀 옮겨줄래?

B: Sure!
물론!

TIPS

Could you please ~?는 '~해 주실래요?'라는 의미로 상대방에게 무엇인가를 부탁할 때 자주 쓰는 표현이다. Would you please ~?로도 쓸 수 있으며, 자신을 기준으로 할 때에는 May I ~? 로 바꿔서 표현할 수 있다.

Can I do that after I'm done with my lunch?

A: Can I do that after I'm done with my lunch?
점심 다 먹고 해도 되니?

A: Of course. Enjoy your meal! Thank you!
당연하지. 식사 맛있게 해! 고마워!

TIPS

Can I ~?는 상대방에게 허락을 구할 때 사용하는 표현으로 이에 대해 Of course., No problem. 등으로 답할 수 있다. 이때 can 대신 may를 사용해서 표현해도 된다.

CONVERSATION

A: Could you please carry this box for me?
B: Sure! Can I do that after I'm done with my lunch?
A: Of course. Enjoy your meal! Thank you!
B: Thanks! I'll be done in a bit.

이 상자 좀 옮겨줄래?
물론! 점심 다 먹고 해도 되니?
당연하지. 식사 맛있게 해! 고마워!
고마워! 조금 있으면 다 먹어.

Extension

A: Could you please get me some coffee?
B: Sure. Can I do that after I'm done writing this letter?
A: No problem! Please take your time.
B: Thank you very much!

커피 좀 가져다줄래?
물론. 이 편지 다 쓰고 해도 되니?
그럼! 천천히 해.
정말 고마워!

정중한 부탁에 대한 긍정적 대답으로는 No problem., Sure., Of course., With pleasure.(기꺼이.) 등이 있으며, 부정적인 대답을 할 경우에는 I'd love to, but ~(그러고 싶지만 ~하다)이나 Sorry, but ~(미안하지만 ~하다) 등과 같은 표현을 이용해서 정중하게 거절하는 것이 좋다.

WORDS & EXPRESSIONS

carry 동 ~을 옮기다   **be done** 마치다   **enjoy** 동 즐기다   **meal** 명 식사
in a bit 잠시 후에   **after** 접 ~후에   **take one's time** 천천히 하다

Unit 2
Would it be OK if I turn on some music?

Would it be OK if I turn on some music?

A: Hi. Would it be OK if I turn on some music?
안녕. 음악을 좀 켜도 될까니?

B: Uh... yeah.
음, 그래.

TIPS

if는 접속사로 조건·가정을 나타내며 '만약 ~이면', '만약 ~한다면', '~이라면' 등의 뜻을 가지고 있다.

▶ Would it be OK if I use your phone for a second? 내가 잠깐 네 전화를 써도 되니?

Is it OK if you turn it on after 10 minutes?

A: Is it OK if you turn it on after 10 minutes?
10분 후에 켜도 되니?

B: Sure! That will be fine.
물론이야! 괜찮아.

TIPS

위 문장의 주어 it은 형식 주어(가주어)로서 문장의 처음에 두어, 뒤에 오는 사실상의 주어를 받는다. 위 문장의 사실상의 주어(진주어)는 if you turn it on after 10 minutes이다.

▶ It's important to choose good friends. 좋은 친구를 선택하는 것이 중요하다.
  (가주어)   (진주어)

CONVERSATION

A: Hi. Would it be OK if I turn on some music?
B: Uh... yeah. But is it OK if you turn it on after 10 minutes?
A: Sure! That will be fine.
B: Nice! Just wait a bit.

안녕. 음악을 좀 켜도 될까?
음, 그래. 그런데 10분 후에 켜도 되니?
물론이야! 괜찮아.
좋아! 조금만 기다려줘.

Extension

A: Hi. Would it be OK if I use your phone for a second?
B: Sure! But is it OK if I just make one quick call first?
A: Definitely! Take your time.
B: Great! It will be quick.

안녕. 내가 잠깐 네 전화를 써도 되니?
그래! 그런데 먼저 빨리 전화 한 통화만 해도 될까?
물론이야! 천천히 해.
좋아! 금방 끝날 거야.

turn on은 [동사+부사]로 이루어진 동사구로, 뒤에 명사가 오는 경우에는 위 대화에서처럼 turn on some music이지만 some music 대신에 대명사 it을 쓰게 되면 turn it on처럼 써야 한다.

WORDS & EXPRESSIONS

turn on ~을 켜다	**use** 동 ~을 사용하다	**fine** 형 괜찮은	**phone** 명 전화
for a second 잠시 동안	**make a call** 전화를 걸다	**quick** 형 빠른, 신속한	
call 명 전화 (통화)	**first** 부 먼저	**definitely** 부 분명히, 확실히	

Chapter 3 부탁

Unit 3
I'd like to ask you a favor.

I'd like to ask you a favor.

A: I'd like to ask you a favor.
부탁을 하나 하고 싶은데.

B: Sure. What is it?
그래. 뭔데?

TIPS

would like to는 '~하고 싶다'라는 뜻으로 'd like to로 축약해서 표현한다. I'd like to ask you a favor. 대신에 I'd like to ask you for a favor.나 Can I ask you a favor?라고 바꿔 표현할 수 있다.

I could lend it to you at night.

A: I would like to borrow your car this weekend.
이번 주말에 네 차를 빌렸으면 해.

B: OK. I could lend it to you at night.
좋아. 밤에 빌려줄 수 있을 거야.

TIPS

많은 사람들이 동사 borrow와 lend의 의미를 혼동하는 경우가 많은데, borrow는 상대방게 뭔가를 '빌리다'이고, lend는 돈이나 차, 책 등을 '빌려주다'라는 의미이다.

CONVERSATION

A: I'd like to ask you a favor.
B: Sure. What is it?
A: I would like to borrow your car this weekend.
B: OK. I could lend it to you at night.

> 부탁을 하나 하고 싶은데.
> 그래. 뭔데?
> 이번 주말에 네 차를 빌렸으면 해.
> 좋아. 밤에 빌려줄 수 있을 거야.

Extension

A: Can I ask you a favor?
B: What is it?
A: I would like you to help me with my project.
B: Sure. I could help you tomorrow.

> 부탁 하나 해도 돼?
> 뭔데?
> 내 프로젝트를 네가 좀 도와줬으면 해.
> 좋아. 내일 도와줄 수 있을 거야.

WORDS & EXPRESSIONS

would like to ~하고 싶다 **ask a favor** 부탁하다 **borrow** 통 빌리다
lend 통 빌려주다 **at night** 밤에 **project** 명 프로젝트 **tomorrow** 부 내일

Unit 4
Could you do me a favor?

Could you do me a favor?

A: Could you do me a favor?
부탁 하나 들어줄래?

B: You know I can! What is it?
내가 들어줄 거 알잖아! 뭔데?

TIPS

Could you do me a favor?나 I'd like to ask you a favor.와 같이 부탁하는 질문에 대해서는 Sure, what is it?(물론, 뭔데?) 또는 Sure, what can I do for you?(그래, 뭘 도와줄까?) 등으로 대답할 수 있다.

Let me know what it is.

A: Could you pick up something for me at the store?
나를 위해서 가게에서 뭐 좀 사다줄래?

B: Sure. Let me know what it is.
물론. 뭔지 알려줘.

TIPS

Let me know what it is. 대신에 What is it?(뭔데요?)이라고 말할 수 있으며, 이때 마지막 부분을 조금 높여 말한다. Could you pick up something for me at the store?에서 pick up은 '~을 사다', '구매하다'라는 뜻이다.

CONVERSATION

A: Could you do me a favor?
B: You know I can! What is it?
A: Could you pick up something for me at the store?
B: Sure. Let me know what it is.

부탁 하나 들어줄래?
내가 들어줄 거 알잖아! 뭔데?
나를 위해서 가게에서 뭐 좀 사다줄래?
물론. 뭔지 알려줘.

Extension

A: Could you do me a favor?
B: Yeah. What's the favor?
A: Could you please drop off my books at the library?
B: OK! Let me know the books.

부탁 하나 들어줄래?
그래. 무슨 부탁인데?
도서관에 내 책들을 반납해줄래?
좋아! 어떤 책을 반납하면 되는지 알려줘.

drop off는 '깜빡 잠이 들다'라는 뜻으로 많이 쓰지만 이외에도 '누군가 차에서 내리기 위해 멈추다'라고 하거나 어떤 장소에 가는 도중에 '물건을 배달하다'라는 의미로도 쓴다. 여기서는 도서관에 가는 길에 책을 배달하는 것이므로 '반납하다'라는 의미로 쓰였다.

WORDS & EXPRESSIONS

favor 명 부탁   **pick up** ~을 사다, ~을 집다   **something** 대 어떤 것, 무엇
drop off 반납하다   **library** 명 도서관

CASE 1 단어들을 활용해 대화를 완성하세요.

A: _____ this box for me?
(carry, could, please, you)
이 상자 좀 옮겨줄래?

B: Sure! _____ I'm done with my lunch?
(can, do, I, after, that)
물론! 점심 다 먹고 해도 되니?

A: Of course. _____! Thank you!
(your, enjoy, meal)
당연하지. 식사 맛있게 해! 고마워!

B: Thanks! I'll be done _____. (a, in, bit)
고마워! 조금 있으면 다 먹어.

CASE 2 대화를 완성해 보세요.

A: 부탁을 하나 하고 싶은데요.

B: Sure. What is it?

A: I would like to 네 차를 빌리다 this weekend.

B: OK. I could lend it to you 밤에.

CASE 3 다음 질문에 대한 답을 직접 해보세요.

Could you do me a favor?

▸ 물론. 뭔데?
▸ 물론, 가능하면.
▸ 글쎄, 부탁이 뭔가에 달렸지.

CASE 1. Could you please carry / Can I do that after / Enjoy your meal / in a bit
CASE 2. I'd like to ask you a favor. / borrow your car / at night
CASE 3. Sure. What is it? / Sure, if I can. / Well, it depends on what it is.

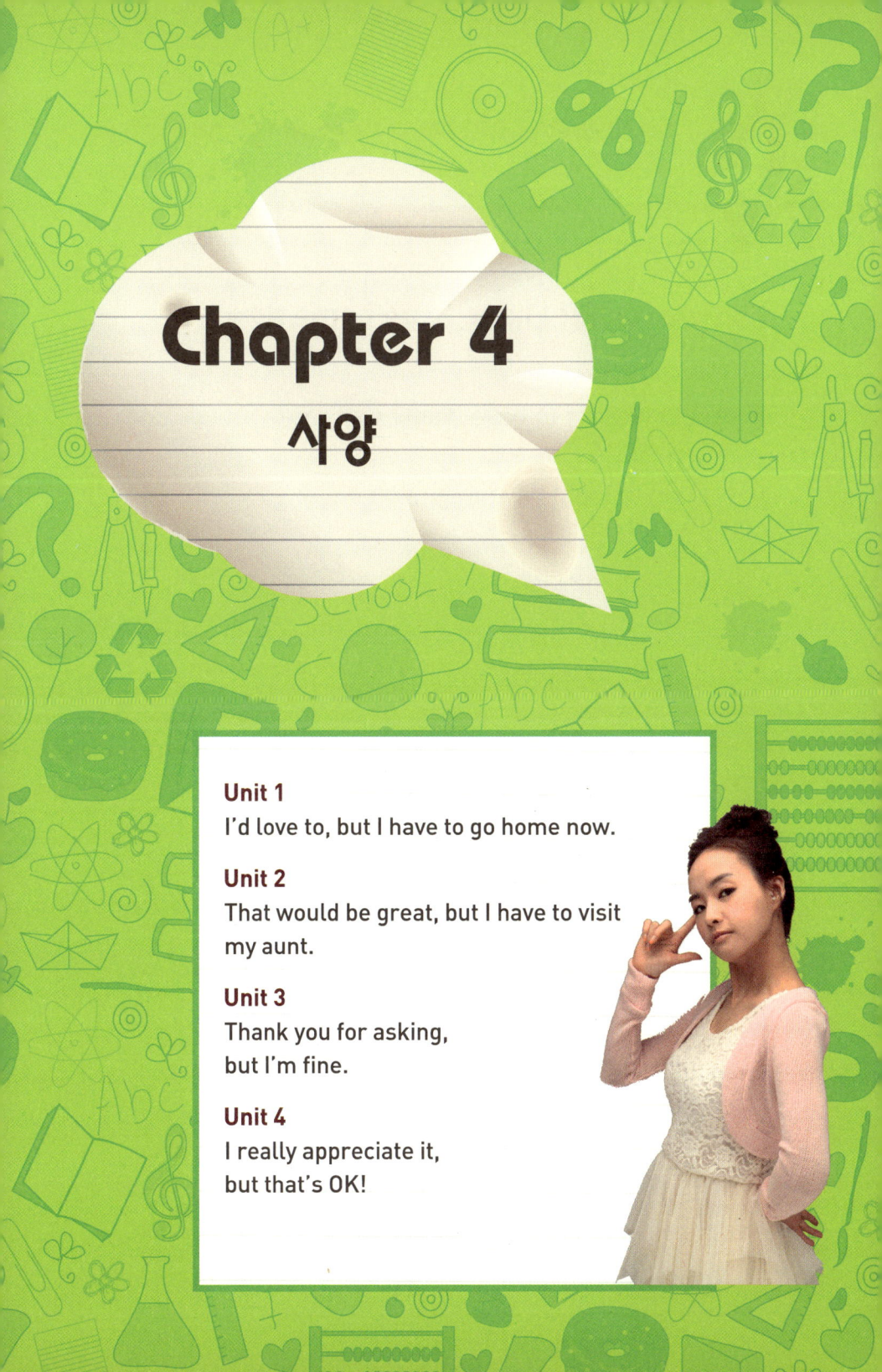

Unit 1
I'd love to, but I have to go home now.

I'd love to, but I have to go home now.

A: Would you like to have dinner with me?
저녁 같이 먹을래?

B: I'd love to, but I have to go home now.
그러고 싶지만 지금 집에 가야 해.

TIPS

I'd love to, but I ~는 어떤 제안을 거절할 때 사용하는 표현으로 '~하고 싶지만 ~이다'란 의미로 사용한다. 이외에 I'm sorry, but I can't.(미안하지만 그럴 수 없어.) 등으로도 표현할 수 있다. 위 대화문에서 have to는 '~해야 하다'라는 의미로 '의무'를 나타낸다.

That's so sweet of you.

A: Would you like me to drive you home?
집까지 태워줄까?

B: That's so sweet of you. But, it's OK. Thank you.
너 정말 다정하다. 하지만 괜찮아. 고마워.

TIPS

That's so sweet of you.(정말 다정하다.)는 상대방의 호의에 감사를 나타내는 표현이다. sweet(친절한, 다정한)란 단어를 보고 이성간에만 사용하는 표현이라고 생각하기 쉽지만 동성·이성에게 모두 사용할 수 있는 표현이다. sweet 대신에 nice, kind, thoughtful 등을 쓸 수 있으며, 유사한 표현으로 It's very kind of you (to say so.), How kind of you. 등이 있다.

CONVERSATION

A: Would you like to have dinner with me?
B: I'd love to, but I have to go home now.
A: Would you like me to drive you home?
B: That's so sweet of you. But, it's OK. Thank you.

> 저녁 같이 먹을래?
> 그러고 싶지만 지금 집에 가야 해.
> 집까지 태워줄까?
> 너 정말 다정하다. 하지만 괜찮아. 고마워.

Extension

A: Do you want some more coffee?
B: I'd love to, but I am so full now.
A: How about some chocolate?
B: That's really kind of you. But, it's OK.

> 커피 더 줄까?
> 더 먹고 싶지만 지금 너무 배불러.
> 초콜릿은 어때?
> 정말 친절하구나. 하지만 괜찮아.

WORDS & EXPRESSIONS

have dinner 저녁 식사를 하다　**go home** 집에 가다　**drive** 동 태워주다, 운전하다
sweet 형 상냥한, 다정한　**be full** 배부르다　**chocolate** 명 초콜릿　**really** 부 정말로

Unit 2
That would be great, but I have to visit my aunt.

That would be great, but I have to visit my aunt.

A: Do you want to come to the concert with us?
우리 콘서트 갈래?

B: That would be great, but I have to visit my aunt.
멋지다. 그런데 나 고모댁에 가야 해.

TIPS

That would be great, but I ~는 '그거 멋지다. 하지만 ~이다'란 의미로 상대방의 제안을 거절하는 상황에서 자주 사용하는 표현이다. 이와 유사한 표현으로 It sounds great, but ~ 등이 있다. Do you want to come to the concert with us? 대신 Would you like to go to the concert with us?라고 바꿔 표현할 수 있다.

How about joining us?

A: How about joining us after the concert tonight?
콘서트 끝나고 오늘 밤 합류하는 건 어때?

B: I'm so sorry. I don't think I can tonight. Next time!
정말 미안해. 오늘 밤은 안 될 것 같아. 다음에!

TIPS

How about ~ ?은 상대방에게 뭔가를 제안할 때 사용하며, 이와 같은 표현으로 What about ~? 이나 Why don't you ~? 등이 있다.

▶ What about joining us after the concert tonight?   콘서트 끝나고 오늘 밤 합류하는 건 어때?
  = Why don't you join us after the concert tonight?

CONVERSATION

A: Do you want to come to the concert with us?
B: That would be great, but I have to visit my aunt.
A: How about joining us after the concert tonight?
B: I'm so sorry. I don't think I can tonight. Next time!

우리 콘서트 갈래?
멋지다. 그런데 나 고모댁에 가야 해.
콘서트 끝나고 오늘 밤 합류하는 건 어때?
정말 미안해. 오늘 밤은 안 될 것 같아. 다음에!

Extension

A: Can you come to my party this weekend?
B: That would be so awesome! But I am going away this weekend.
A: That's too bad.

이번 주말에 내 파티에 올래?
멋지겠다! 그런데 이번 주말에 어디 가.
아쉽다.

WORDS & EXPRESSIONS

come to ~에 오다　　**concert** 명 콘서트, 음악회　　**great** 형 멋진　　**visit** 동 방문하다
join 동 함께 하다　　**after** 전 ~ 후에　　**tonight** 부 오늘 밤에　　**weekend** 명 주말
awesome 형 굉장한, 기막히게 좋은　　**go away** (사람이나 장소를) 떠나다

Unit 3
Thank you for asking, but I'm fine.

Thank you for asking, but I'm fine.

A: Hey, would you like me to help you with your work?
이봐, 내가 네 일 좀 도와줄까?

B: Thank you for asking, but I'm fine.
물어봐줘서 고마워, 하지만 괜찮아.

TIPS

Thank you for ~는 '~에 대해 감사하다'라는 뜻으로 thank you 뒤에 [for+명사/동명사]를 사용해서 고마운 이유를 표현할 수 있다.

▶ Thank you for the tip. 조언해줘서 고맙다.
▶ Thank you for coming. 와줘서 고맙다.

Are you sure?

A: Are you sure?
정말?

B: Yes. I'm really OK. Thank you so much.
응. 정말 괜찮아. 고마워.

TIPS

Are you sure?는 상대방의 의도를 확인하는 표현으로 대답을 Yes, I'm sure.라고 해야지, Yes I do.라고 하면 잘못된 표현이 된다. 이와 유사한 표현으로는 Are you positive?(확실해?)가 있다.

CONVERSATION

A: Hey, would you like me to help you with your work?
B: Thank you for asking, but I'm fine.
A: Are you sure?
B: Yes. I'm really OK. Thank you so much.

이봐, 내가 네 일 좀 도와줄까?
물어봐줘서 고마워. 하지만 괜찮아.
정말?
응. 정말 괜찮아. 고마워.

Extension

A: Would you like me to wash the dishes for you?
B: Thank you for asking, but I'm OK.
A: Are you positive?
B: Yeah. I'm really fine! Thanks.

내가 설거지 해줄까?
물어봐줘서 고마워. 하지만 괜찮아.
확실해?
어. 정말 괜찮아! 고마워.

WORDS & EXPRESSIONS

ask 동 묻다, 물어보다, 요청하다　　**help** 동 도와주다　　**sure** 형 확신하는
wash the dishes 설거지하다　　**positive** 형 긍정적인, 확신하는

Unit 4
I really appreciate it, but that's OK!

I really appreciate it, but that's OK!

A: Do you want me to watch the kids for you?
내가 아이들을 돌봐줄까?

B: I really appreciate it, but that's OK!
정말 고마워, 하지만 괜찮아!

TIPS

Thank you.보다 좀 더 공손하게 감사의 표현을 할 때 I really appreciate it.이라고 한다. 동사 appreciate는 '~을 고마워하다'라는 뜻으로 고마워하는 내용을 동사 다음에 말하면 된다.

▶ I appreciate your kindness.   친절에 감사합니다.
▶ I appreciate your concern.   염려해주셔서 감사합니다.

Don't worry about it.

A: It's not a problem! I can help you.
문제없어! 도와줄 수 있어.

B: Don't worry about it. I'm totally OK!
걱정하지 마. 정말 괜찮아!

TIPS

worry about는 '~에 대해 걱정하다'라는 뜻으로 about 다음에 걱정하는 내용이 오면 된다.
totally는 '완전히', '전혀' 등의 의미로 다음과 같이 사용할 수 있다.

▶ I totally forgot about it.   내가 그것을 완전히 잊어버렸다.

CONVERSATION

A: Do you want me to watch the kids for you?
B: I really appreciate it, but that's fine!
A: It's not a problem! I can help you.
B: Don't worry about it. I'm totally OK!

내가 아이들을 돌봐줄까?
정말 고마워. 하지만 괜찮아.
문제없어! 도와줄 수 있어.
걱정하지 마. 정말 괜찮아!

Extension

A: Would you like me to help you wash the dishes?
B: I really appreciate it, but it's OK!
A: No, let me help you.
B: Don't worry about it. I'm fine!

내가 설거지하는 거 도와줄까?
정말 고마워. 하지만 괜찮아!
아니야. 도와줄게.
걱정하지 마. 괜찮아!

let은 '(목적어에게) ~하도록 하다'라는 대표적인 사역동사로 [let+목적어+동사원형] 형태로 사용한다. Let me help you.를 직역하면 "내가 너를 도와주도록 해라." 즉, "내가 너를 도와줄게."라는 의미가 된다. 사역동사에는 이외에도 make, have가 있다.

WORDS & EXPRESSIONS

watch the kids 아이들을 돌보다   **appreciate** 동 감사하다   **problem** 명 문제
worry 동 걱정하다   **totally** 부 완전히   **wash the dishes** 설거지하다
let 동 ~하게 하다

CASE 1 단어들을 활용해 대화를 완성하세요.

A: _____ have dinner with me?
(you, would, to, like)
저녁 같이 먹을래?

B: _____ I have to go home now.
(love, I'd, to, but)
그러고 싶지만 지금 집에 가야 해.

A: Would you like me to drive you home?
집까지 태워줄까?

B: That's _____. But, it's OK. Thank you.
(of, sweet, so, you)
너 정말 다정하다. 하지만 괜찮아. 고마워.

CASE 2 대화를 완성해 보세요.

A: Do you want me to 아이들을 돌봐주다 for you?

B: 그거 정말 고마워, but that's fine!

A: It's not a problem! I can help you.

B: 그것에 대해서 걱정하지 마. I'm totally OK!

CASE 3 다음 질문을 대한 거절의 답을 직접 해보세요.

Would you like me to help you wash the dishes?

▸ 정말 고맙지만 괜찮아.
▸ 물어봐줘서 고마워, 하지만 괜찮아.
▸ 괜찮아. 금방 끝나.

CASE 1. Would you like to / I'd love to, but / so sweet of you
CASE 2. watch the kids / I really appreciate it / Don't worry about it.
CASE 3. I really appreciate it, but that's OK. / Thank you for asking, but I'm OK. / That's OK. It will be done soon.

Chapter 5
감사/사과

Unit 1
No problem.

Unit 2
It's very nice of you to stop by to say hello.

Unit 3
I'd appreciate it if you would grab a cab for me.

Unit 4
Thanks anyway.

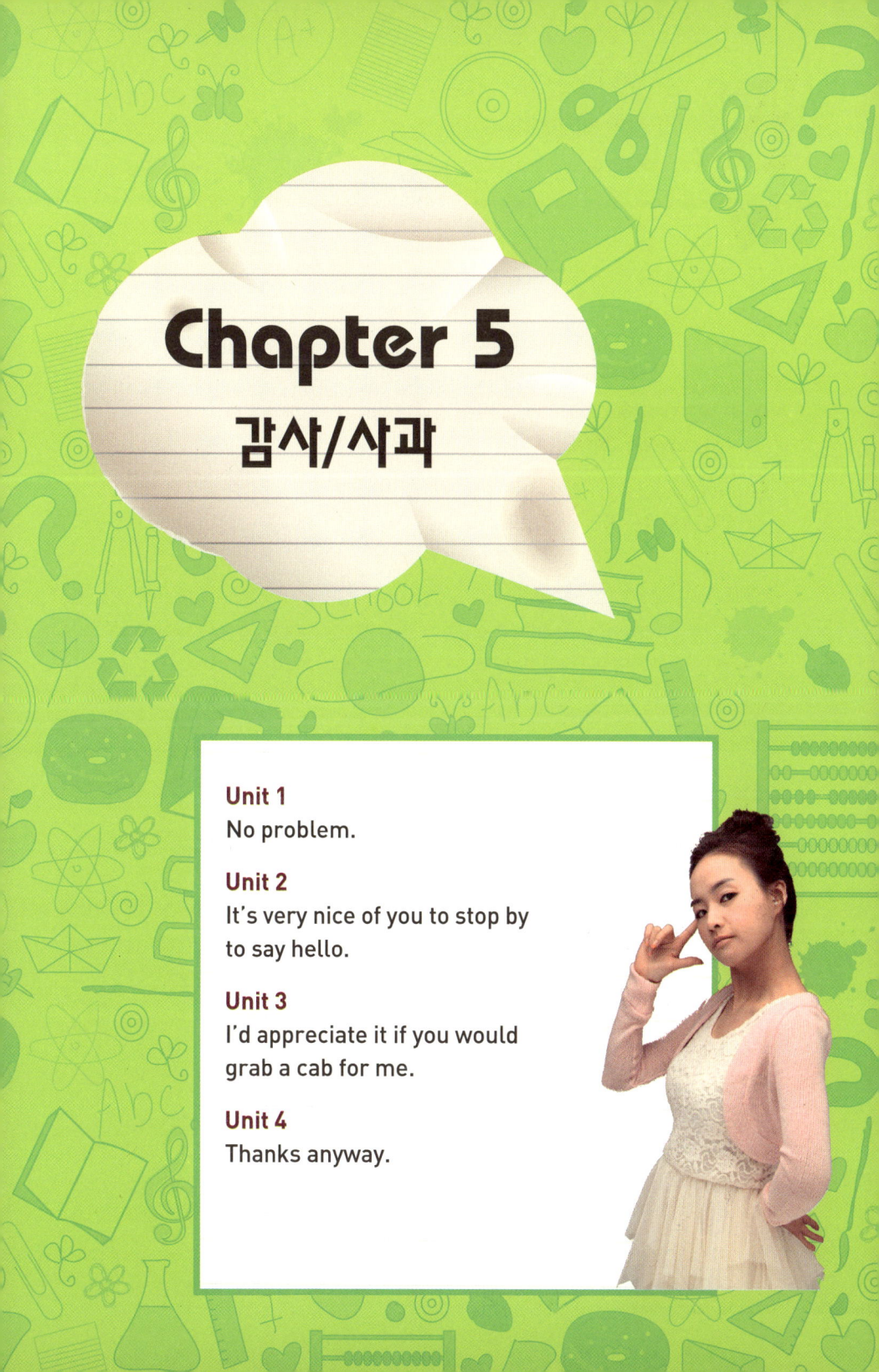

Unit 1
No problem.

No problem.

A: Hey, thanks for your help.
이봐, 도와줘서 고마워.

B: No problem. It wasn't a lot of work.
고맙기는. 많은 일도 아니었는걸.

TIPS

상대방이 고마움을 표현할 때에는 "별 말씀을!", "천만에요.", "괜찮습니다."를 뜻하는 No problem., My pleasure., Don't mention it., You're welcome. 등으로 대답하면 된다.

I'm so sorry for bothering you.

A: I'm so sorry for bothering you.
귀찮게 해서 정말 미안해.

B: Not at all! Let me know when you need my help.
전혀! 도움이 필요하면 말해.

TIPS

I'm so sorry for ~는 '~에 대해 미안하다'라는 뜻으로 for 다음에 미안한 이유를 말하면 된다. 이때 대답으로 "괜찮아."라고 할 때에는 Not at all., That's all right. 등으로 표현한다.

▶ I'm sorry for being late.   늦어서 미안하다.

CONVERSATION

A: Hey, thanks for your help.
B: No problem. It wasn't a lot of work.
A: I'm so sorry for bothering you.
B: Not at all! Let me know when you need my help.

이봐, 도와줘서 고마워.
고맙기는. 많은 일도 아니었는걸.
귀찮게 해서 정말 미안해.
전혀! 도움이 필요하면 말해.

Extension

A: Hi. Thank you so much for your help.
B: Not at all. It was nothing much.
A: I didn't mean to bother you.
B: No problem. Let me know when you need me.

안녕. 도와줘서 정말 고마워.
전혀. 대단한 것도 아닌데.
널 귀찮게 하려던 건 아니었어.
괜찮아. 내가 필요하면 말해.

MARK YOU

위 대화에서 많이 쓰인 Let me know ~ 는 회화에서 자주 쓰는 표현이다. let은 사역동사로 '누구에게 ~하게 하다'라는 뜻으로 let me know는 '나에게 ~을 알게 해라' 즉, '무엇인가를 알려줘라'라는 의미를 나타낸다.

WORDS & EXPRESSIONS

problem 명 문제	**a lot of** 많은	**bother** 동 귀찮게 하다	**need** 동 필요하다
help 명 도움	**nothing** 대 아무것도 (~ 아니다)	**mean** 동 의도하다, 의미하다

Unit 2
It's very nice of you to stop by to say hello.

It's very nice of you to stop by to say hello.

A: It's very nice of you to stop by to say hello.
인사하러 들러주다니 무척 친절하군요.

B: It's my pleasure!
제가 좋아서 한 거예요!

TIPS

stop by는 '들르다', '잠깐 방문하다'라는 뜻이며, say hello는 '안부를 전하다'라는 뜻이다.

▶ We'll stop by your place.   우리는 네가 있는 곳에 들르겠다.

Please forgive me for not calling you.

A: Please forgive me for not calling you these days.
요즘 전화 못 드린 거 용서해주세요.

B: No need to apologize. I understand.
사과할 필요 없어요. 이해해요.

TIPS

Please forgive me for ~는 '~에 대해 나를 용서해주세요'라는 뜻으로 for 다음에 용서를 구하는 내용이 오면 된다.

▶ Please forgive me for my wrong deeds.   제 잘못된 행동을 용서해주세요.

CONVERSATION

A: It's very nice of you to stop by to say hello.
B: It's my pleasure!
A: Please forgive me for not calling you these days.
B: No need to apologize. I understand.

인사하러 들러주다니 무척 친절하군요.
제가 좋아서 한 거예요!
요즘 전화 못 드린 거 용서해주세요.
사과할 필요 없어요. 이해해요.

Extension

A: It's very nice of you to visit my office.
B: No need to thank me!
A: Please forgive me for not attending your event last week.
B: It's not a big deal. You can come next time!

내 사무실을 방문해주다니 친절하군요.
저한테 고마워할 필요 없어요!
지난주 당신 행사에 참석하지 못해서 죄송해요.
대단한 일 아니었어요. 다음에 오시면 되죠!

It's not a big deal.은 "별일 아니야."라는 뜻으로 자주 쓰는 표현이다. 여기서 deal은 명사로 '거래'라는 뜻이지만 구어체에서는 '중요한 사안', '사건' 등을 의미하기도 한다.

» Just do it, because it's not a big deal. 그냥 해요. 별거 아니에요.

WORDS & EXPRESSIONS

nice 형 친절한	stop by 들르다	say hello 인사하다	pleasure 명 기쁨
forgive 동 용서하다	apologize 동 사과하다	understand 동 이해하다	
visit 동 방문하다	office 명 사무실	attend 동 참석하다	event 명 행사

Unit 3
I'd appreciate it if you would grab a cab for me.

I'd appreciate it if you would grab a cab for me.

A: I'd appreciate it if you would grab a cab for me.
날 위해 택시를 잡아주면 고맙겠어.

B: Of course I can!
물론 그럴게!

TIPS

[I'd appreciate it if 주어+동사]는 '~해주면 감사하다'라는 뜻으로 it이 가목적어이고, if절이 진목적어 역할을 하고 있다. grab a cab은 '택시를 서둘러 잡다'라는 의미이다. 참고로, grab a bite는 '서둘러 간단히 먹다'라는 뜻이다.

So sorry to bother you.

A: So sorry to bother you.
귀찮게 해서 미안해.

B: My pleasure!
내가 좋아서 하는 거야!

TIPS

So sorry to bother you.는 "귀찮게 해서 미안해."라는 뜻으로 이와 유사한 표현에는 Sorry to trouble you.(귀찮게 해서 미안해.), Sorry to interrupt you.(방해해서 미안해.) 등이 있다.

CONVERSATION

A: I'd appreciate it if you would grab a cab for me.
B: Of course I can!
A: So sorry to bother you.
B: My pleasure!

> 날 위해 택시를 잡아주면 고맙겠어.
> 물론 그럴게!
> 귀찮게 해서 미안해.
> 내가 좋아서 하는 거야!

Extension

A: I'd appreciate it if you could watch my stuff for me.
B: No problem!
A: I'm sorry to trouble you.
B: It's no trouble at all.

> 날 위해 내 짐을 좀 봐주면 고맙겠어.
> 문제없어!
> 귀찮게 해서 미안해.
> 전혀 그렇지 않아.

WORDS & EXPRESSIONS

grab 동 붙잡다   **grab a cab** 택시를 서둘러 잡다   **bother** 동 귀찮게 하다
pleasure 명 기쁨, 즐거움   **watch** 동 (잠깐 동안) 봐주다   **stuff** 명 물건
trouble 동 귀찮게 하다 명 폐, 번거로움, 성가심

Unit 4
Thanks anyway.

Thanks anyway.

A: I'm sorry that I couldn't help you.
도와주지 못해서 미안해.

B: Thanks anyway.
어쨌든 고마워.

TIPS

상대가 어떤 도움을 주겠다고 했는데 거절하거나 상대의 조언이 사실상 별 도움이 되지 못했을 때 예의상 Thanks anyway.(어쨌거나 고마워.)란 말을 한다.

I'm so thankful for a friend like you.

A: I'll try to help you next time!
다음에는 도와주도록 할게!

B: I'm so thankful for a friend like you.
너 같은 친구가 있어 다행이야.

TIPS

thankful은 '고맙게 생각하는', '감사하는'이라는 뜻으로 I'm so thankful for a friend like you. 는 I'm so thankful to have a friend like you. 또는 I'm so thankful that I have a friend like you.로 바꿔서 표현할 수 있다.

CONVERSATION

A: I'm sorry that I couldn't help you.
B: Thanks anyway.
A: I'll try to help you next time!
B: I'm so thankful for a friend like you.

도와주지 못해서 미안해.
어쨌든 고마워.
다음에는 도와주도록 할게!
너 같은 친구가 있어 다행이야.

Extension

A: I'm sorry that I couldn't join you for dinnor.
B: Thanks anyway for trying!
A: I'll try to make it next time.
B: I'm so grateful for a friend like you.

저녁 식사를 너와 같이 못해서 미안해.
어쨌든 노력해줘서 고마워!
다음에는 맞출 수 있도록 노력할게.
너 같은 친구가 있어 고마워.

구어체에서는 [try+to부정사] 대신에 [try+and+동사]를 쓸 수도 있다. 이런 형태로는 try만 쓸 수 있고 활용형(tries, trying, tried)에는 쓸 수 없다.

» I'll try and get you a new one tomorrow.
  내일 너에게 새 걸 가져다주도록 할게.
» Try and finish quickly.
  빨리 끝내도록 해.

WORDS & EXPRESSIONS

anyway 분 하여튼, 어쨌든   **next time** 다음번에   **thankful** 형 고맙게 생각하는, 감사하는
a friend like you 너 같은 친구   **try to** ~하려고 애쓰다   **make** 통 ~에 맞추어 가다
grateful 형 고마워하는, 감사하는

배운 내용 활용하기

CASE 1 단어들을 활용해 대화를 완성하세요.

A: I'd appreciate it if _____ for me.
 (a, grab, would, you, cab)
 날 위해 택시를 잡아주면 고맙겠어.

B: Of course I can!
 물론 그럴게!

A: So _____. (to, sorry, you, bother)
 귀찮게 해서 미안해.

B: My pleasure!
 내가 좋아서 하는 거야!

CASE 2 대화를 완성해 보세요.

A: It's very nice of you 인사하러 들러주다니.

B: It's my pleasure!

A: Please forgive me for 요즘 전화 못 드린 거.

B: No need to apologize. 이해해요.

CASE 3 다음 감사 인사에 대해 직접 답을 해보세요.

Thanks for your help.

▶ 전혀. 대단한 것도 아닌데.
▶ 언제든지! 단순하고 쉬운 일이었어.
▶ 내가 좋아서 한 거야!

CASE 1. you would grab a cab / sorry to bother you
CASE 2. to stop by to say hello / not calling you these days / I understand.
CASE 3. Not at all, it was nothing much. / Anytime! It was so simple and easy. / It's my pleasure!

Chapter 6
칭찬

Unit 1
How was my show?

Unit 2
It looks good on you!

Unit 3
You did a good job.

Unit 1
How was my show?

How was my show?

A: How was my show?
　내 공연 어땠어?

B: You did a wonderful job!
　정말 잘했어!

TIPS

How was the show?(그 공연 어땠어?)처럼 어떤 경험을 한 사람에게 소감을 물을 때 How was ~?를 사용한다. 여기서 the show 대신에 the movie, the meeting 등을 넣어서 다양하게 표현할 수 있다. 이외에도 소감을 묻는 표현으로 What did you think about ~?를 사용해서 What did you think about the show?(그 공연 어떻게 생각하니?)라고 할 수도 있다.

Really? You think so?

A: Really? You think so?
　정말? 그렇게 생각해?

B: The show was spectacular!
　그 공연은 장관이었어!

TIPS

Really?는 "정말?"이라는 의미로 가벼운 놀람을 나타내며, You think so?는 "그렇게 생각해?"라는 뜻으로 마지막 부분을 올려 읽는다. The show was spectacular!에서 spectacular 대신에 wonderful, fantastic 등의 단어를 사용할 수 있다.

CONVERSATION

A: How was my show?
B: You did a wonderful job!
A: Really? You think so?
B: The show was spectacular!

내 공연 어땠어?
정말 잘했어!
정말? 그렇게 생각해?
그 공연은 장관이었어!

Extension

A: What did you think about my concert?
B: You did a great job!
A: You really think so?
B: Yes! It was fantastic!

내 연주회 어떻게 생각해?
정말 잘했어!
정말 그렇게 생각해?
그럼! 환상적이었어!

위의 대화에서처럼 일반 회화에서는 You think so?(그렇게 생각해?)나 You really think so?(정말 그렇게 생각해?)처럼 평서문의 어순 즉, [주어+동사] 형태로 마지막에 물음표(?)를 붙여서 의문문을 만들어 사용하기도 한다.

WORDS & EXPRESSIONS

wonderful 형 멋진	**show** 명 공연, 쇼	**spectacular** 형 극적인, 장관을 이루는
concert 명 연주회	**fantastic** 형 기막히게 좋은, 환상적인	

Unit 2
It looks good on you!

It looks good on you!

A: How does this dress look on me?
이 드레스 나한테 어때?

B: It looks good on you!
너한테 잘 어울려!

TIPS

[주어+look(s) good on you]라고 하면 '~이 당신에게 잘 어울리다'라는 뜻이다. good 대신에 great, cute 등의 단어를 사용하여 다양하게 표현할 수 있다.

▶ The dress looks great on you. 그 드레스는 너한테 정말 잘 어울린다.
▶ The hat looks cute on you. 그 모자는 너에게 귀엽게 잘 어울린다.

I'm positive!

A: Are you sure?
확실해?

B: I'm positive! You look great!
확실해! 멋져!

TIPS

positive는 '명백한', '확신하는'이라는 의미로, I'm positive.라고 하면 "나는 확신해."라는 뜻이다. 좀 더 확신을 강조하고 싶을 때에는 absolutely를 추가해서 I'm absolutely positive.라고 하면 된다.

CONVERSATION

A: How does this dress look on me?
B: It looks good on you!
A: Are you sure?
B: I'm positive! You look great!

이 드레스 나한테 어때?
너한테 잘 어울려!
확실해?
확실해! 멋져!

Extension

A: How does this hat look on me?
B: It looks so cute on you!
A: Really?
B: Yes! You look like a doll!

이 모자 나한테 어때?
너한테 귀엽게 잘 어울려!
정말?
응! 너 꼭 인형 같아!

WORDS & EXPRESSIONS

look 동 ~해 보이다　**sure** 형 확실한　**positive** 형 확신하는　**hat** 명 모자
cute 형 귀여운　**look like** ~처럼 보이다　**doll** 명 인형

Unit 3
You did a good job.

You did a good job.

A: You did a good job!
  잘했어!

B: Thank you. I tried to do my best.
  고마워. 최선을 다하려고 노력했어.

TIPS

do a good[great] job은 상대방에게 일을 잘했다고 칭찬할 때 쓰는 표현으로 이외에 Good job!(잘했어!), Well done!(잘했어!) 등으로 바꿔 표현할 수 있다. do one's best는 '최선을 다하다'라는 의미로 "최선을 다해라!"라고 표현할 때에는 Do your best!라고 한다.

I'm really proud of you.

A: I'm really proud of you.
  네가 정말 자랑스러워.

B: Thank you for saying so.
  그렇게 말해줘서 고마워.

TIPS

proud는 '자랑스러워하는', '자랑스러운'이란 뜻으로 be proud of는 '~을 자랑스럽게 여기다'라는 의미이다. 이밖에 proud가 '거만한', '교만한'이란 뜻으로 쓰이는 표현도 함께 알아두자.

- I am proud of my father. 나는 나의 아버지가 자랑스럽다.
- Sally is a proud girl. Sally는 거만한 소녀이다.

CONVERSATION

A: You did a good job!
B: Thank you. I tried to do my best.
A: I'm really proud of you.
B: Thank you for saying so.

잘했어!
고마워. 최선을 다하려고 노력했어.
네가 정말 자랑스러워.
그렇게 말해줘서 고마워.

Extension

A: You did a good job!
B: Thank you. I didn't expect to win the medal.
A: You deserve it.
B: Thank you for saying so.

정말 잘했어!
고마워. 나는 메달을 기대하지 않았는데.
너는 메달을 받을 만해.
그렇게 말해줘서 고마워.

Thank you for saying so.에서 쓰인 so는 전달동사, 즉 say, tell, think, hope, expect, suppose, believe, hear 등의 목적어로서 '그렇게'라는 의미를 나타낸다.
» Is Alice at home? 앨리스는 집에 있니?
  I think so. 그런 것 같아.

WORDS & EXPRESSIONS

try to ~하려고 애쓰다   **proud** 형 자랑스러운, 거만한   **be proud of** ~를 자랑스럽게 여기다
really 부 정말로   **expect** 동 기대하다, 고대하다   **deserve** 동 ~을 받을 만하다
thank you for ~에 대해 감사하다

CASE 1 단어들을 활용해 대화를 완성하세요.

A: You _____! (a, good, did, job)
정말 잘했어!

B: Thank you. I didn't _____.
(the, win, to, expect, medal)
고마워. 나는 메달을 기대하지 않았는데.

A: You deserve it.
너는 메달을 받을 만해.

B: Thank _____. (saying, for, you, so)
그렇게 말해줘서 고마워.

CASE 2 대화를 완성해 보세요.

A: 어떻게 생각했어 about my concert?

B: You did a great job!

A: You 정말 그렇게 생각해?

B: Yes! It 환상적이었어!

CASE 3 다음 질문에 칭찬하는 답을 직접 해보세요.

How was my performance?

▸ 멋졌어!
▸ 무척 인상적이었어.
▸ 네 재능에 정말 놀랐어.

CASE 1. did a good job / expect to win the medal / you for saying so
CASE 2. What did you think / really think so / was fantastic
CASE 3. It was great! / I was so impressed. / I was really amazed by your talent.

★ 문장에 리듬을 타라

What's up?

위 문장은 [왓츠업]이 아니라 [왓츠업]이다. 이처럼 영어는 단어에만 강세가 있는 것이 아니라 문장에도 강세가 있다. 따라서 강하고 약하게 리듬을 타면서 말해야 네이티브처럼 말할 수 있다. 강하게 발음하는 단어는 문장에 '의미'를 부여하는 '의미어'이고 그 외의 '역할'을 하는 '역할어'는 빠르게 읽으면 된다.

> 참고
> 의미어 = 명사, 본동사(be동사 제외), 형용사, 부사, 의문사, 부정어
> 역할어 = 관사, 대명사, 전치사, 접속사, 조동사

★ 연습하기

이제 다음 문장들을 한번 리듬을 타서 발음해 보자.

Nice to **meet** you.
[**나이스** **밋**츄]

How are you **do**ing?
[**하**와유 **두**잉]

See you **again**.
[**씨**유 어**겐**]

Catch you **later**.
[**캐**츄 **레**이터]

PART 2

Chapter 7　　쇼핑 1
Chapter 8　　쇼핑 2
Chapter 9　　인터넷 쇼핑
Chapter 10　예약
네이티브처럼 말하기

Chapter 7
쇼핑 1

Unit 1
What are you looking for?

Unit 2
I'm going to look around for a bit.

Unit 3
How much discount can I get?

Unit 4
What size do you want?

Unit 1
What are you looking for?

What are you looking for?

A: What are you looking for?
   무엇을 찾으시나요?

B: I'm looking for a bright shirt.
   밝은 셔츠를 찾고 있어요.

TIPS

물건을 사러 상점에 들어갔을 때 들을 수 있는 표현으로는 What are you looking for?(무슨 찾는 물건 있으세요?), How can I help you?(도와 드릴까요?), May I help you?(도와 드릴까요?) 등이 있다. 위 예문에서 look for는 '~을 찾다'라는 뜻이다.

I think this will look good on you.

A: I think this will look good on you.
   이게 당신(손님)한테 잘 어울릴 것 같아요.

B: Oh! That is really cute.
   오! 정말 귀엽네요.

TIPS

look good on ~은 '~에게 잘 어울리다'라는 뜻이다. 따라서 The dress looks good on you. 라고 하면 "그 드레스가 당신에게 잘 어울려요."라는 뜻이다. 전치사 다음에는 인칭대명사가 온다는 것을 잊지 말자. 여기에 '정말' 잘 어울린다고 강조하고 싶을 때에는 really를 사용하여 The dress really looks good on you. 라고 하면 된다.

CONVERSATION

A: What are you looking for?
B: I'm looking for a bright shirt.
A: I think this will look good on you.
B: Oh! That is really cute.

무엇을 찾으시나요?
밝은 셔츠를 찾고 있어요.
이게 당신(손님)한테 잘 어울릴 것 같아요.
오! 정말 귀엽네요.

Extension

A: What are you looking for?
B: I'm looking for a new pair of high heels.
A: I think these will look hot on you.
B: Oh! Those are too high for me.

무엇을 찾으시나요?
새 하이힐을 찾고 있어요?
이게 당신(손님)한테 멋질 것 같아요.
오! 그것은 저한테 너무 높아요.

a pair of는 '~ 한 쌍'이라는 뜻으로 pair는 '쌍', '짝'이라는 의미의 단위명사이다. 보통 신발이나 안경, 장갑 등 2개가 쌍을 이루는 경우에 단위명사를 써서 표현한다. 심지어 a pair of pants(바지 한 벌), a pair of scissors(가위 한 개)처럼 두 개로 나눌 수는 없지만, 두 부분으로 이루어진 것도 a pair of로 표현할 수 있다. [a pair of+명사]를 쓰는 경우에는 단수로 취급한다.

WORDS & EXPRESSIONS

look for ~을 찾다　　**bright** 형 밝은　　**shirt** 명 셔츠　　**cute** 형 귀여운
a pair of ~ 한 쌍　　**high heels** 명 하이힐(굽 높은 구두)　　**hot** 형 [비격식] 멋진, 섹시한
too 부 너무 (~한)

Unit 2
I'm going to look around for a bit.

I'm going to look around for a bit.

A: Do you want to buy this dress now?
지금 이 드레스를 사실 건가요?

B: I think I'm going to look around for a bit.
좀 더 둘러볼게요.

TIPS

[be going to+동사원형]은 '~할 계획이다', '~할 예정이다'라는 뜻이며 look around는 '구경하다', '둘러보다'라는 뜻이다. 상점 등에서 사려는 물건이 마음에 들지 않을 때 종업원에게 I'm going to look around for a bit.(좀 더 둘러볼게요.)라고 말할 수 있다.

I will do some more window shopping.

A: Yeah. You should take your time.
예. 천천히 둘러보세요.

B: I will do some more window shopping.
윈도쇼핑을 좀 더 할게요.

TIPS

window shopping은 물건은 사지 않고 구경만 하는 것을 의미한다. 우리는 흔히 eye shopping이라고 하는데 잘못된 표현이다. take one's time은 '천천히 하다', '서두르지 않다'라는 의미로 상대방에게 여유를 주는 표현이다.

▶ Let's go window shopping.   윈도쇼핑을 하러 가자.

CONVERSATION

A: Do you want to buy this dress now?
B: I think I'm going to look around for a bit.
A: Yeah. You should take your time.
B: I will do some more window shopping.

지금 이 드레스를 사실 건가요?
좀 더 둘러볼게요.
예. 천천히 둘러보세요.
윈도쇼핑을 좀 더 할게요.

Extension

A: Are you going to buy this necklace now?
B: I think I'm going to look around for a little.
A: Sounds good! You shouldn't rush.
B: Yes. I want to do some more window shopping.

지금 이 목걸이를 사실 건가요?
좀 더 둘러볼게요.
좋아요! 서두르지 마세요.
예. 윈도쇼핑을 좀 더 하고 싶어요.

WORDS & EXPRESSIONS

look around 둘러보다　**for a bit** 잠시 동안(= for a little)
take one's time 천천히 하다, 서두르지 않다　**window shopping** 윈도쇼핑, 아이쇼핑
necklace 명 목걸이　**rush** 동 서두르다

Unit 3
How much discount can I get?

How much discount can I get?

A: How much discount can I get?
얼마나 할인을 받을 수 있죠?

B: The items on this rack are 20% off.
이 선반의 상품들은 20%까지 할인이 됩니다.

TIPS

discount는 '할인'이라는 뜻으로 가격을 흥정할 때 필요한 단어이다. 상점에서 흔히 볼 수 있는 on sale은 '할인 판매 중'이고, 20 percent off the list price는 '정가의 20% 할인'이란 뜻이다. 이외에도 "할인해주세요."라는 표현으로는 Could you give me a discount?나 Could I get a discount? 또는 Could you cut the price? 등이 있다.

Can I try on this shirt?

A: Can I try on this shirt?
이 셔츠 입어봐도 돼요?

B: Sure. The fitting room is over there.
물론이요. 탈의실은 저쪽이에요.

TIPS

try on은 '~을 입어보다', '써보다'라는 뜻으로 상점에서 옷이나, 신발, 모자 등을 입어보고자 할 때 사용한다. try on은 it이나 them 같은 대명사와 함께 사용할 때에는 try it on 또는 try them on 처럼 대명사가 반드시 중간에 와야 한다.

▶ Can I try it on? (o) / Can I try on it? (x)

CONVERSATION

A: How much discount can I get?
B: The items on this rack are 20% off.
A: Can I try on this shirt?
B: Sure. The fitting room is over there.

> 얼마나 할인을 받을 수 있죠?
> 이 선반의 상품들은 20%까지 할인이 됩니다.
> 이 셔츠 입어봐도 돼요?
> 물론이요. 탈의실은 저쪽이에요.

Extension

A: Could you cut the price?
B: I'm sorry. The price is fixed.
A: Can I try on this shirt?
B: Sure. The fitting room is over there.

> 깎아주실 수 있나요?
> 죄송해요. 정찰제입니다.
> 이 셔츠 입어봐도 돼요?
> 물론이요. 탈의실은 저쪽이에요.

WORDS & EXPRESSIONS

discount 명 할인　　**item** 명 품목, 상품　　**rack** 명 선반
try on (옷 등을) 입어보다, (모자 등을) 써보다　　**fitting room** 탈의실
cut 동 자르다, 깎다　　**price** 명 가격　　**fix** 동 고정시키다　　**be fixed** 고정되다

Unit 4
What size do you want?

What size do you want?

A: What size do you want?
무슨 사이즈 원하세요?

B: Do you have a medium?
중간 사이즈 있나요?

TIPS

What size do you want? 대신에 What size are you?라는 표현도 사용된다는 것을 알아두자. 무엇을 사느냐에 따라 물건의 치수가 다르지만 옷 같은 경우에는 extra small, small, medium, large, extra large로 구별한다.

Make sure it's your size.

A: Please make sure it's your size.
이거 사이즈가 맞는지 확인해보세요.

B: It's just right.
딱 맞아요.

TIPS

Please make sure it's your size.(이거 사이즈 맞는지 확인해보세요.)라는 질문에 It's too tight.(너무 꼭 끼어요.), It fits me very well.(잘 맞아요.), It's too large for me.(저한테 너무 커요.) 등으로 답할 수 있다.

CONVERSATION

A: What size do you want?
B: Do you have a medium?
A: Sure. Please make sure it's your size.
B: It's just right.

무슨 사이즈 원하세요?
중간 사이즈 있나요?
물론이요. 이거 사이즈가 맞는지 확인해보세요.
딱 맞아요.

Extension

A: What size do you want?
B: Do you have an extra large?
A: Sure. Please make sure this is your size.
B: It's too large for me.

무슨 사이즈 원하세요?
특대 사이즈 있나요?
물론이요. 이거 사이즈가 맞는지 확인해보세요.
저한테 너무 커요.

※ 옷 사이즈 표시
SS(extra small) < S(small) < M(medium) < L(large) < XL(extra large)

WORDS & EXPRESSIONS

size 명 사이즈, 크기	**medium** 형 중간의	**make sure** 확인하다
just 부 ('정확히'라는 뜻의) 딱, 꼭	**right** 형 맞는	**extra large** 특대 사이즈
too 부 너무 (~한)	**large** 형 큰	

CASE 1 단어들을 활용해 대화를 완성하세요.

A: How much _____? (I, can, discount, get)
얼마나 할인을 받을 수 있죠?

B: The items _____. (on, 20%, rack, this, are, off)
이 선반의 상품들은 20%까지 할인이 됩니다.

A: Can I _____? (this, on, try, shirt)
이 셔츠 입어봐도 돼요?

B: Sure. The fitting room is over there.
물론이요. 탈의실은 저쪽이에요.

CASE 2 대화를 완성해 보세요.

A: What are you 찾고 있다?

B: I'm looking for 밝은 셔츠.

A: I think this will 당신(손님)한테 잘 어울리다.

B: Oh! That is 정말 귀여운.

CASE 3 다음 질문에 대한 답을 직접 해보세요.

What are you looking for?

▸ 밝은 셔츠를 찾고 있어요.
▸ 새 가방을 찾고 있어요.
▸ 그냥 윈도쇼핑 중이에요.

CASE 1. discount can I get / on this rack are 20% off / try on this shirt
CASE 2. looking for / a bright shirt / look good on you / really cute
CASE 3. I'm looking for a bright shirt. / I'm looking for a new bag. / I'm just window shopping[browsing].

Chapter 8
쇼핑 2

Unit 1
Can I exchange this sweater, please?

Unit 2
Could I get a refund, please?

Unit 3
How much did you pay for the wallet?

Unit 4
I spent $500 on it.

Unit 5
Where did you get the shirt?

Unit 1
Can I exchange this sweater, please?

Can I exchange this sweater, please?

A: Can I exchange this sweater, please?
이 스웨터 교환할 수 있나요?

B: What's wrong with it?
뭐가 잘못 됐나요?

TIPS

exchange는 '교환하다'라는 뜻으로 물건을 교환하려고 할 때 사용하며, 환불을 하고 싶을 때는 refund(환불)라는 단어를 써서 Can I get a refund on this sweater?(이 스웨터 환불 되나요?)라고 한다.

It's too small for her.

A: I bought it for my friend but it's too small for her.
친구를 위해서 샀는데 그녀한테 너무 작아요.

B: What size is she?
그녀의 사이즈가 뭐예요?

TIPS

'~에게 너무 작다/크다'라는 표현을 할 때에는 전치사 for를 인칭대명사 앞에 써서 This is too small/large for me.(이건 나한테 너무 작아요/커요.)와 같이 사용한다. 그리고 "나에게 옷이 맞지 않아요."라는 표현은 단어 fit(꼭 맞다)을 사용하여 This shirt doesn't fit me.(이 셔츠는 내게 맞지 않아요.)라고 한다.

CONVERSATION

A: Can I exchange this sweater, please?
B: What's wrong with it?
A: I bought it for my friend but it's too small for her.
B: What size is she?

이 스웨터 교환할 수 있나요?
뭐가 잘못 됐나요?
친구를 위해서 샀는데 그녀한테 너무 작아요.
그녀의 사이즈가 뭐예요?

Extension

A: Can I exchange these jeans, please?
B: Is something wrong with the jeans?
A: I would like them in another color.
B: OK. Please give me the receipt.

이 청바지를 교환할 수 있나요?
청바지가 뭐 잘못 됐나요?
다른 색깔로 하고 싶어요.
예, 영수증을 주세요.

something은 어떤 것에 대해 정확히 언급을 하지 않고 물건, 상황 등을 가리킬 때 사용한다. 이처럼 -thing으로 끝나는 명사는 형용사가 뒤에서 수식한다.

» something wrong 잘못된 것
» something cold 차가운 것

WORDS & EXPRESSIONS

exchange 동 교환하다 **wrong** 형 틀린, 잘못된 **bought** 동 buy(사다)의 과거형, 샀다
jeans 명 바지, 청바지 **another** 형 또, 다른 **receipt** 명 영수증

Unit 2
Could I get a refund, please?

Could I get a refund, please?

A: Could I get a refund, please?
환불받을 수 있나요?

B: Do you have your receipt with you?
영수증 있으세요?

TIPS

refund(환불)와 관련된 표현들을 알아두자.

- full refund 전액 환불 / refund policy 환불 규정 / non-refundable 환불이 안 되는
- No exchanges, no refund. 교환 불가, 환불 불가.

We can't give you a refund without it.

A: No. I lost it.
아니요. 잃어버렸는데요.

B: I'm sorry. We can't give you a refund without it.
죄송해요. 영수증이 없으면 환불이 안 돼요.

TIPS

'환불해주다'라는 의미로 We will give you a refund.(환불해 드리겠습니다.), We will give you your money back.(돈을 돌려 드리겠습니다.)와 같은 표현들이 있다.

CONVERSATION

A: Could I get a refund, please?
B: Do you have your receipt with you?
A: No. I lost it.
B: I'm sorry. We can't give you a refund without it.

환불받을 수 있나요?
영수증 있으세요?
아니요. 잃어버렸는데요.
죄송해요. 영수증이 없으면 환불이 안 돼요.

Extension

A: Can I get a refund on this shirt?
B: What's wrong with it?
A: There is a stain on it.
B: Do you have a receipt?

이 셔츠 환불받을 수 있나요?
뭐가 잘못 됐나요?
여기에 얼룩이 있어요.
영수증 있으세요?

WORDS & EXPRESSIONS

refund 명 환불	**receipt** 명 영수증	**lost** 동 lose(잃어버리다)의 과거형, 잃어버렸다
without 전 ~없이	**shirt** 명 셔츠	**wrong** 형 잘못된, 이상(문제)이 있는 **stain** 명 얼룩

Unit 3
How much did you pay for the wallet?

How much did you pay for the wallet?

A: How much did you pay for the wallet?
그 지갑 얼마 줬어?

B: I bought it for $200.
200달러에 샀어.

TIPS

wallet은 '남성용 지갑'을 일컫는 말이며, purse는 '여성용 핸드백'을 뜻한다. pay for는 '~을 지불하다'라는 뜻으로 pay for the rent(월세를 지불하다), pay for the ticket(티켓 값을 지불하다)과 같이 표현할 수 있다.

I think you got ripped off.

A: I think you got ripped off.
너 바가지 쓴 거 같아.

B: Really?
정말?

TIPS

rip off는 '바가지를 씌우다'라는 뜻으로 got ripped off라고 하면 수동의 의미로 '바가지를 썼다'라는 뜻이 된다. 이와 유사한 표현으로 What a rip-off!(도둑이나 다름없군요!)가 있으며 overcharge(부당한 대금을 요구하다)를 사용해서 You were overcharged.(너는 바가지 썼다.)라고 해도 된다.

CONVERSATION

A: How much did you pay for the wallet?
B: I bought it for $200.
A: I think you got ripped off.
B: Really?

그 지갑 얼마 줬어?
200달러에 샀어.
너 바가지 쓴 거 같아.
정말?

Extension

A: How much did you pay for the apples?
B: I bought them for ten dollars.
A: Ten dollars for three apples? What a rip-off!
B: Yeah, they were too expensive.

이 사과들 얼마 줬어?
10달러에 샀어.
사과 3개에 10달러라고? 완전 바가지네!
응, 너무 비싸.

too는 양이나 질의 정도가 원하거나 받아들일 수 있는 것 이상이라는 뜻으로 형용사나 부사 앞에 사용한다. 따라서 too nice나 too kind, too sweet에는 '너무 지나치다'라는 의미가 내포되어 있다. 단순히 강조하기 위해서는 too 대신 very를 사용한다.

WORDS & EXPRESSIONS

pay for 대금을 지불하다　**wallet** 명 지갑　**bought** 동 buy(사다)의 과거형, 샀다
rip off 바가지를 씌우다　**rip-off** 명 바가지　**expensive** 형 비싼

Unit 4
I spent $500 on it.

I spent $500 on it.

A: How much did you spend on your coat?
너 코트 얼마에 샀어?

B: I spent $500 on it.
이거 500달러 줬어.

TIPS

spend는 '(돈을) 쓰다', '(시간을) 보내다', '소비하다'라는 뜻이며 보통 금전의 소비에는 on을, 시간의 소비에는 in을 쓴다고 하지만 대체로 구별하지 않고 spend on을 자주 쓴다. how much는 '얼마만큼', '어느 정도'라는 의미이고, much는 셀 수 없는 양의 많고 적음을 나타낼 때 쓰는 표현이다.

I won't shop for a while.

A: Really? That's quite expensive!
정말? 꽤 비싼데!

B: I won't shop for a while.
한동안 쇼핑 안 할 거야.

TIPS

will not의 줄임말인 won't는 '~하지 않을 것이다'라는 의미로 I won't come here again.이라고 하면 "나는 여기에 다시는 오지 않을 거예요."라는 뜻이다. for a while은 '잠시 동안', '당분간'이란 뜻으로 for the present나 for some time도 같은 의미이다.

CONVERSATION

A: How much did you spend on your coat?
B: I spent $500 on it.
A: Really? That's quite expensive!
B: I won't shop for a while.

너 코트 얼마에 샀어?
이거 500달러 줬어.
정말? 꽤 비싼데!
한동안 쇼핑 안 할 거야.

Extension

A: How much did you spend on your computer?
B: I spent $1000 on it.
A: Oh! That's a lot of money!
B: I can't shop for a really long time.

너 컴퓨터 얼마에 샀어?
이거 1000달러 줬어.
오! 많이 비싼걸!
정말 오랫동안 쇼핑할 수 없을 거야.

WORDS & EXPRESSIONS

spend on (돈을) ~에 쓰다   **coat** 명 코트   **quite** 부 꽤   **expensive** 형 비싼
for a while 한동안   **computer** 명 컴퓨터   **a lot of** 많은   **for a long time** 오랫동안

Unit 5
Where did you get the shirt?

Where did you get the shirt?

A: Where did you get the shirt?
그 셔츠 어디에서 샀어?

B: I bought it at K MART.
K마트에서 샀어.

TIPS

동사 get은 영어에서 매우 다양하게 쓰는 단어로 여기서는 '구하다', '사다' 등의 의미로 쓰고 있다. get 대신 buy를 사용해도 되며. 전치사 at은 '~에서'라는 뜻으로 at home(집에서), at the theater(극장에서)처럼 장소 앞에 쓴다.

Are they still on sale?

A: Are they still on sale?
아직도 세일해?

B: Yes, the sale will end this Saturday.
응, 이번 주 토요일에 끝날 거야.

TIPS

still은 '아직도'라는 뜻으로 I'm still hungry.(나는 아직도 배가 고파), I still miss him.(나는 아직도 그가 그리워.)처럼 표현할 수 있다. still은 '아직도'라는 뜻 이외에 '움직이지 않는', '정지해 있는', '고요한' 등의 의미가 있다는 것도 알아두자.

▶ Please stand still. 움직이지 말고 서 있으세요.

CONVERSATION

A: Where did you get the shirt?
B: I bought it at K MART.
A: Are they still on sale?
B: Yes, the sale will end this Saturday.

그 셔츠 어디에서 샀어?
K마트에서 샀어.
아직도 세일해?
응, 이번 주 토요일에 끝날 거야.

Extension

A: Where did you get the laptop computer?
B: I bought it on sale at K MART for 500 dollars.
A: Are they still on sale?
B: Yes, the sale will last until this Sunday.

노트북 컴퓨터 어디에서 샀어?
K마트에서 세일해서 500달러에 샀어.
아직도 세일해?
응, 이번 일요일까지 할 거야.

WORDS & EXPRESSIONS

get 동 얻다, 구하다	**shirt** 명 셔츠	**at** 전 ~에서	**be on sale** 세일 중이다, 판매되다
still 부 여전히 형 고요한, 가만히 있는		**sale** 명 판매, 할인 판매	**end** 동 끝나다
laptop computer 노트북 컴퓨터		**last** 동 (특정한 시간 동안) 계속하다	**until** 전 ~까지

배운 내용 활용하기

CASE 1 단어들을 활용해 대화를 완성하세요.

A: _____, please? (this, I, can, exchange, sweater)
이 스웨터 교환할 수 있나요?

B: _____ it? (wrong, what's, with)
뭐가 잘못 됐나요?

A: I bought it for my friend but _____.
(for, small, too, it's, her)
친구를 위해서 샀는데 그녀한테 너무 작아요.

B: What size is she?
그녀의 사이즈가 뭐예요?

CASE 2 대화를 완성해 보세요.

A: Could I 환불받다, please?

B: Do you 영수증 있다 with you?

A: No. 잃어버렸는데요.

B: I'm sorry. We can't 환불해주다 without it.

CASE 3 다음 질문을 대한 답을 직접 해보세요.

I'd like to get a refund, please.

▸ 영수증 있으세요?
▸ 언제 구매하셨어요?
▸ 세일 상품은 환불이 안 돼요.

CASE 1. Can I exchange this sweater / What's wrong with / it's too small for her
CASE 2. get a refund / have your receipt / I lost it. / give you a refund
CASE 3. Do you have your receipt? / When did you buy it? / Sale items are not refundable.

Chapter 9
인터넷 쇼핑

Unit 1
I got it online.

Unit 2
I ordered it a few days ago.

Unit 3
I'm surfing the web.

Unit 4
Do you like to buy things online?

Unit 1
I got it online.

I got it online.

A: Where did you buy that?
그거 어디서 샀어?

B: I got it online.
온라인으로 샀어.

TIPS

앞에서 말했듯이 동사 get은 '~을 구입하다', '얻다' 등의 뜻으로 쓰며, get 대신 buy나 purchase 등으로 대신 할 수 있다. online은 부사로 쓰여 '온라인으로'라는 뜻이며, 반대말은 off-line이다.

Which site did you use?

A: Which site did you use?
어떤 사이트를 이용했는데?

B: I bought it on HI MALL.
HI몰에서 샀어.

TIPS

which는 의문사로 '어느 쪽의', '어느' 등의 뜻으로 Which cake do you want?(어느 케이크를 원하니?), Which way shall we go?(어느 길로 갈까?) 등으로 표현할 수 있다. 여기서 site를 website로 바꿔 표현해도 된다.

CONVERSATION

A: Where did you buy that?
B: I got it online.
A: Which site did you use?
B: I bought it on HI MALL.

그거 어디서 샀어?
온라인으로 샀어.
어떤 사이트를 이용했는데?
하이몰에서 샀어.

Extension

A: Where did you buy that?
B: I bought it on the Internet.
A: Which site did you get it from?
B: I got it on INTERPARK.

그거 어디서 샀어?
인터넷으로 구입했어.
어떤 사이트에서 샀는데?
인터파크에서 샀어.

※ Internet 관련 표현
» Internet mall 인터넷 몰
» an Internet virgin 인터넷 무경험자
» use the Internet 인터넷을 이용하다
» surf[browse] the Internet
  인터넷 서핑을 하다
» search on the Internet
  인터넷을 검색하다
» get on the Internet[log on to the Internet] 인터넷에 접속하다

WORDS & EXPRESSIONS

online 뷔 온라인으로   **site** 명 사이트   **use** 동 사용하다, 이용하다
on the Internet 인터넷으로

Chapter 9 인터넷 쇼핑 99

Unit 2
I ordered it a few days ago.

I ordered it a few days ago.

A: When did you order your chair?
의자 언제 주문했어?

B: I ordered it a few days ago.
며칠 전에 주문했어.

TIPS

order는 '주문하다'는 뜻으로 상품을 주문하거나 I ordered a sandwich.(나는 샌드위치를 주문했어.)처럼 식당 등에서 음식을 주문할 경우에 사용한다.

★ **a few와 a little**의 비교
a few는 물건이나 사람 등 명확히 셀 수 있는 명사가 '몇몇 있다'라는 의미로 여기서 a를 빼고 쓰면 '거의 없다'가 된다. a little은 돈, 물 등 셀 수 없는 명사가 '약간 있다'라는 의미로 a를 빼고 쓰면 '거의 없다'는 의미가 된다.

It will take two weeks.

A: How long will the delivery take?
배달이 얼마나 걸릴까?

B: It will take two weeks.
2주 걸릴 거야.

TIPS

동사 take는 다양한 의미로 사용하는데, 위 대화에서는 '시간이 걸리다'라는 뜻으로 쓰였다.

▶ It takes about an hour to get to the station.   역까지 가는 데 한 시간 걸린다.

CONVERSATION

A: When did you order your chair?
B: I ordered it a few days ago.
A: How long will the delivery take?
B: It will take two weeks.

의자 언제 주문했어?
며칠 전에 주문했어.
배달이 얼마나 걸릴까?
2주 걸릴 거야.

Extension

A: When did you order your mirror?
B: I ordered it last week.
A: How long will it take?
B: It will take about a week.

거울 언제 주문했어?
지난주에 주문했어.
얼마나 걸릴까?
약 1주일 정도 걸릴 거야.

대화에서 사용한 take는 어디로 가거나 무엇을 하기 위해 필요한 시간의 양을 말할 때 쓴다. 따라서 보통 take는 시간 표현과 함께 쓴다.

» It takes (me) an hour to get home from work. (내가) 직장에서 집까지 오는 데는 한 시간이 걸린다.
» How long will the flight take? 비행시간이 얼마나 걸릴까요?

WORDS & EXPRESSIONS

order 동 주문하다   **chair** 명 의자   **a few** 어느 정도, 조금   **ago** 부 (얼마의 시간) 전에
delivery 명 배달   **take** 동 시간이 걸리다   **mirror** 명 거울   **about** 부 약, ~쯤

Unit 3
I'm surfing the web.

I'm surfing the web.

A: What are you doing?
뭐하고 있어?

B: I'm surfing the web.
웹 서핑을 하고 있어.

TIPS

동사 surf는 '파도타기를 하다'라는 뜻도 있지만 '인터넷을 서핑하다'라는 뜻으로도 많이 쓴다. 즉, surf the Internet은 '인터넷을 검색하다'라는 의미이다. 참고로 '파도타기를 하러 가다'는 go surfing이라고 한다.

What are you searching for?

A: What are you searching for?
무엇을 찾는데?

B: I'm searching for a new suitcase.
새 여행 가방을 찾고 있어.

TIPS

search for는 '~을 찾다'라는 뜻으로 for 다음에 찾는 물건을 말하면 된다. search for 대신에 look for를 사용해도 된다.

▶ A: What are you looking for? 무엇을 찾고 있나요?
  B: I'm looking for a new TV. 새 TV를 찾고 있어요.

CONVERSATION

A: What are you doing?
B: I'm surfing the web.
A: What are you searching for?
B: I'm searching for a new suitcase.

뭐하고 있어?
웹 서핑을 하고 있어.
무엇을 찾는데?
새 여행 가방을 찾고 있어.

Extension

A: What are you doing?
B: I'm surfing the Internet.
A: Were you looking for something?
B: I was trying to get a new bike.

뭐하고 있어?
인터넷 서핑을 하고 있어.
뭐 찾는 거 있었어?
새 자전거를 사려고 했어.

WORDS & EXPRESSIONS

surf 동 서핑하다, 검색하다　**the web** 명 World Wide Web, 웹
search for 동 ~을 수색하다, 찾다　**suitcase** 명 여행 가방　**look for** ~을 찾다
try to ~하려고 하다　**bike** 명 자전거

Unit 4
Do you like to buy things online?

Do you like to buy things online?

A: Do you like to buy things online?
온라인에서 물건 사는 것을 좋아하니?

B: Yes, I'm an online shopper.
응, 난 온라인 구매자야.

TIPS

[Do you like to+동사원형 ~?]는 '~하는 것을 좋아하니?'라는 의미로 좋아하는 내용을 to 다음에 표현하면 된다. 위 표현은 [Would like to+동사원형 ~?](~을 하고 싶니?)을 써서 표현할 수도 있다.

- Do you like to go shopping? 쇼핑하는 것을 좋아하니?
  = Would you like to go shopping? 쇼핑하고 싶니?
- Do you like to play soccer? 축구하는 것을 좋아하니?

Are there any reasons?

A: Are there any reasons?
이유가 있니?

B: It's so convenient and simple.
무척 편리하고 간단해.

TIPS

Are there any reasons? 대신에 Why do you like online shopping?(왜 온라인 쇼핑을 좋아하니?)라고 말해도 된다. convenient는 '편리한'이란 뜻이며 명사형은 convenience이다.

- convenient time 편리한 시간 / convenience store 편의점

CONVERSATION

A: Do you like to buy things online?
B: Yes, I'm an online shopper.
A: Are there any reasons?
B: It's so convenient and simple.

온라인에서 물건 사는 것을 좋아하니?
응, 난 온라인 구매자야.
이유가 있니?
무척 편리하고 간단해.

Extension

A: Do you shop online a lot?
B: I'm a true online shopper.
A: Are there any reasons?
B: It's more fun and fast.

온라인에서 많이 쇼핑하니?
난 진정한 온라인 구매자야.
이유가 뭐니?
더 재미있고 빨라.

WORDS & EXPRESSIONS

buy 동 사다   **online** 형 온라인의 부 온라인으로   **shopper** 명 구매자   **reason** 명 이유
convenient 형 편리한   **simple** 형 간단한   **shop** 동 물건을 사다, 쇼핑하다   **a lot** 많이
true 형 진정한   **fun** 형 재미있는   **fast** 형 빠른

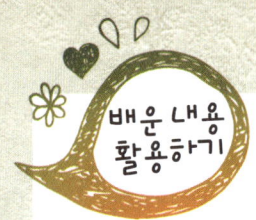

배운 내용 활용하기

CASE 1 단어들을 활용해 대화를 완성하세요.

A: _____ your chair? (you, when, order, did)
의자 언제 주문했어?

B: I ordered it _____. (ago, a, days, few)
며칠 전에 주문했어.

A: How long will the delivery take?
배달이 얼마나 걸릴까?

B: It will _____. (two, take, weeks)
2주 걸릴 거야.

CASE 2 대화를 완성해 보세요.

A: Do you like to 온라인에서 물건을 사다?

B: Yes, I'm 온라인 구매자.

A: Are there any reasons?

B: It's so 편리하고 간단한.

CASE 3 다음 질문에 대한 답을 직접 해보세요.

Where did you buy that?

▸ 온라인으로 샀어.
▸ 인터파크에서 샀어.
▸ 동대문 시장에서 샀어.

CASE 1. When did you order / a few days ago / take two weeks
CASE 2. buy things online / an online shopper / convenient and simple
CASE 3. I bought it online. / I bought it on INTERPARK. / I bought it at Dongdaemun Market.

Chapter 10
예약

Unit 1
I'd like to make an appointment with Dr. Lee.

Unit 2
I'd like to make a reservation for a group of 3 at 4.

Unit 3
Can I reserve this room for a party?

Unit 4
I'd like to cancel my appointment at 3, please.

Unit 1
I'd like to make an appointment with Dr. Lee.

I'd like to make an appointment with Dr. Lee.

A: Hi. I'd like to make an appointment with Dr. Lee at 10:30 tomorrow, please.
안녕하세요. 내일 10시 30분에 Lee 선생님과 약속을 하고 싶은데요.

B: I'm sorry. His schedule is full for tomorrow.
죄송해요. 내일은 스케줄이 꽉 찼는데요.

TIPS

appointment는 '약속'이란 뜻으로 make an appointment with는 '~와 약속을 하다'라는 의미이다. '서약', '다짐'과 같은 약속을 의미하는 promise와 혼동하여 쓰지 않도록 하자. full은 '배부른', '가득한', '아주 많은' 등의 의미로 쓴다.

▶ Thank you, but I'm already full. 고마워. 하지만 배가 불러.
▶ The room is full of books. 그 방은 책들로 가득하다.

How about on Thursday?

A: How about on Thursday?
목요일은 어때요?

B: I could set up the appointment for you on that day.
그날은 약속을 잡을 수 있을 것 같아요.

TIPS

날짜, 요일, 특정한 때를 나타내는 전치사 on은 '~에'라는 뜻으로 on Sunday(일요일에), on your birthday(너의 생일에), on Christmas(크리스마스에)로 표현한다. set up은 '~을 세우다', '설치하다', '어떤 일을 마련하다'라는 뜻으로 set up an appointment는 '약속을 잡다'이다.

CONVERSATION

A: Hi. I'd like to make an appointment with Dr. Lee at 10:30 tomorrow, please.
B: I'm sorry. His schedule is full for tomorrow.
A: How about on Thursday?
B: I could set up the appointment for you on that day.

안녕하세요. 내일 10시 30분에 Lee 선생님과 약속을 하고 싶은데요.
죄송해요. 내일은 스케줄이 꽉 찼는데요.
목요일은 어때요?
그날은 약속을 잡을 수 있을 것 같아요.

Extension

A: Hi. Can I make an appointment with my hair stylist on Tuesday at 2?
B: I'm sorry. He already has an appointment with another client at that time.
A: How about tomorrow?
B: I could set that up for you.

안녕하세요. 화요일 2시에 제 헤어 디자이너와 약속을 할 수 있나요?
죄송해요. 그 시간에 다른 고객과 이미 약속이 되어 있는데요.
내일은요?
가능할 것 같아요.

WORDS & EXPRESSIONS

appointment 명 약속   **make an appointment with** ~와 약속하다
schedule 명 스케줄   **full** 형 가득한, 아주 많은   **set up** (약속 따위를) 잡다, 정하다
hair stylist 명 헤어 디자이너   **client** 명 고객   **already** 부 이미, 벌써

Unit 2
I'd like to make a reservation for a group of 3 at 4.

I'd like to make a reservation for a group of 3 at 4.

A: Hi. I'd like to make a reservation for a group of 3 at 4.
안녕하세요. 4시에 3명 그룹을 예약하고 싶은데요.

B: I'm sorry. We are OK only after 5.
죄송해요. 5시 이후에만 가능합니다.

TIPS

make a reservation은 '예약하다'라는 의미이며, 동사 reserve를 사용해서 표현할 수도 있다. a group of 3는 '3명 그룹'을 의미하며, at 4는 '4시에'를 의미하는데 시간 앞에는 전치사 at을 쓴다는 것을 반드시 기억하자.

May I have your name, please?

A: Then 5:30 will be fine.
그러면 5시 30분이 좋겠어요.

B: Great! May I have your name, please?
좋아요! 성함이 어떻게 되시죠?

TIPS

식당에 예약을 할 때 예약하는 사람의 이름을 물어보는데 이때 May I have your name, please? 이외에 Whose name shall I make it under?, What name shall I put down?, Your name, please?, Can I have your name? 등 다양한 방법으로 물어볼 수 있기 때문에 당황하지 말자.

CONVERSATION

A: Hi. I'd like to make a reservation for a group of 3 at 4.
B: I'm sorry. We are OK only after 5.
A: Then 5:30 will be fine.
B: Great! May I have your name, please?

안녕하세요. 4시에 3명 그룹을 예약하고 싶은데요.
죄송해요. 5시 이후에만 가능합니다.
그러면 5시 30분이 좋겠어요.
좋아요! 성함이 어떻게 되시죠?

Extension

A: Hi. I'd like to make a reservation for 2 at 7 p.m.
B: Whose name shall I make it under?
A: Jessica Kim, please.
B: OK. Please tell me your number.

안녕하세요. 7시에 2명 예약하고 싶은데요.
누구 이름으로 예약할까요?
Jessica Kim이요.
예. 전화번호를 알려주세요.

Tell me your number.에서처럼 tell은 보통 사람을 목적어로 함께 써서 두 개의 목적어를 취한다. 누구에게 어떤 사실이나 정보를 알려줄 때에는 흔히 what, where 등과 함께 쓰고, 누군가에게 지시를 할 때도 쓴다.
» Can you tell me when the movie starts? 그 영화가 언제 시작하는지 저에게 알려줄 수 있나요?
» The doctor told me to stay in bed. 의사가 내게 누워 있으라고 말했다.

WORDS & EXPRESSIONS

| reservation 명 예약 | make a reservation 예약하다 | only after ~이후에만 |

Unit 3
Can I reserve this room for a party?

Can I reserve this room for a party?

A: Can I reserve this room for a party?
이 방을 파티 장소로 예약할 수 있나요?

B: Yes. The maximum number is 15.
예. 최대 인원은 15명이에요.

TIPS

reserve는 '예약하다'라는 뜻의 동사로 뒤에 예약하고 싶은 대상을 말하면 된다. book이라는 단어가 동사로 쓰이면 '예약하다'라는 뜻이 있다는 것도 알아두자.

▶ I'd like to book a room for September 1st. 나는 9월 1일에 방을 예약하고 싶어요.

Which days are available?

A: Great! Which days are available?
좋아요! 언제 가능해요?

B: Any day during this week is fine.
이번 주는 언제든지 가능해요.

TIPS

available은 물건이나 사람 등과 함께 쓰여 '이용할 수 있는', '시간이 있는' 등의 뜻으로 일상생활에서 매우 자주 사용하므로 반드시 알아두자.

▶ Do you have rooms available for this weekend? 이번 주 사용할 수 있는 방이 있나요?
▶ I'm available in the morning tomorrow. 나는 내일 아침에 시간이 있다.

CONVERSATION

A: Can I reserve this room for a party?
B: Yes. The maximum number is 15.
A: Great! Which days are available?
B: Any day during this week is fine.

이 방을 파티 장소로 예약할 수 있나요?
예. 최대 인원은 15명이에요.
좋아요! 언제가 가능해요?
이번 주는 언제든지 가능해요.

Extension

A: Can I reserve this room for a party of 10?
B: Sure! Which date would you like it for?
A: What are the available dates?
B: Any day during this week is fine with us.

이 방을 10명 파티로 예약할 수 있나요?
물론이요! 언제로 하시겠어요?
언제가 가능한데요?
이번 주는 언제든지 가능해요.

any는 한정사로 '어느', '어떤'이라는 의미이다. 흔히 단수명사와 함께 쓰여 많은 것들 중의 아무것이든 하나를 가리킨다.

WORDS & EXPRESSIONS

reserve 동 예약하다　**party** 명 파티　**maximum** 형 최고의　**number** 명 수, 숫자
available 형 이용할 수 있는, (사람들을 만날) 시간이 있는　**any** 형 어느, 어떤
during 전 ~ 동안

Unit 4
I'd like to cancel my appointment at 3, please.

I'd like to cancel my appointment at 3, please.

A: I'd like to cancel my appointment at 3, please.
3시 예약을 취소하고 싶은데요.

B: Would you like to reschedule it for another day?
다른 날로 스케줄 조정하기를 원하시나요?

TIPS

병원 진료를 예약할 경우에는 reservation이 아닌 appointment를 사용한다는 것을 알아두자. reservation은 식당이나 호텔 등 좌석이나 방을 예약할 때 사용하며, 누군가를 만나 일을 처리하기 위해 예약을 하는 경우에는 appointment를 사용한다.

▶ I have a dental appointment today. 나는 오늘 치과 치료 약속이 있다.

Would it be possible to reschedule for the same time tomorrow?

A: Would it be possible to reschedule for the same time tomorrow?
내일 같은 시간에 가능할까요?

B: No problem.
예, 괜찮습니다.

TIPS

reschedule은 행사 · 계획 등의 '예정을 다시 세우다'라는 의미이며, for the same time은 '같은 시간에'라는 의미이다.

▶ reschedule for earlier/later 좀 더 이른/늦은 시간으로 약속을 조정하다
reschedule for the day after tomorrow 모레로 약속을 조정하다

CONVERSATION

A: I would like to cancel my appointment at 3, please.
B: Would you like to reschedule it for another day?
A: Would it be possible to reschedule for the same time tomorrow?
B: No problem.

3시 예약을 취소하고 싶은데요.
다른 날로 스케줄 조정하기를 원하시나요?
내일 같은 시간에 가능할까요?
예, 괜찮습니다.

Extension

A: I want to cancel my two o'clock appointment with Dr. Michael.
B: Would you like to reschedule it for another day?
A: Would it be possible to reschedule for the day after tomorrow?
B: No problem.

2시 Michael 박사님과의 약속을 취소하고 싶은데요.
다른 날로 스케줄 조정하기를 원하시나요?
모레에 가능할까요?
예, 괜찮습니다.

※ 시간 표현
the day before yesterday(그제)
〈 yesterday(어제) 〈 today(오늘)
〈 tomorrow(내일) 〈 the day after tomorrow(모레)

WORDS & EXPRESSIONS

cancel 동 취소하다　**appointment** 명 약속　**reschedule** 동 일정을 변경하다
another 형 다른　**possible** 형 가능한　**the day after tomorrow** 모레

CASE 1 단어들을 활용해 대화를 완성하세요.

A: Hi. _____ for a group of 3 at 4.
(make, I'd, a, like, reservation, to)
안녕하세요. 4시에 3명 그룹을 예약하고 싶은데요.

B: I'm sorry. _____ 5. (only, we, OK, after, are)
죄송해요. 5시 이후에만 가능합니다.

A: Then 5:30 will be fine.
그러면 5시 30분이 좋겠어요.

B: Great! _____, please?
(may, have, I, name, your)
좋아요! 성함이 어떻게 되시죠?

CASE 2 대화를 완성해 보세요.

A: I would like to 나의 3시 약속을 취소하다, please.

B: Would you like to 스케줄을 조정하다 for another day?

A: Would it be possible to reschedule for 내일 같은 시간?

B: No problem.

CASE 3 다음 질문에 대한 답을 직접 해보세요.

<mark>Which days are available?</mark>

▶ 언제든지 가능해요.
▶ 금요일마다 가능해요.
▶ 예약은 3월부터 가능해요.

CASE 1. I'd like to make a reservation / We are OK only after / May I have your name
CASE 2. cancel my appointment at 3 / reschedule it / the same time tomorrow
CASE 3. Any day is fine. / Every Friday is fine. / Reservations are available from March.

★ 연음으로 발음하라

Where **did you get it**?

위 문장에서 표시한 did you는 [디드 유]가 아니라 [디쥬]라고 발음하고, get it도 [게트 잇]이 아니라 [게릿]이라고 발음한다. 우리말과 마찬가지로 영어에서도 인접한 단어들이 서로 영향을 준다. 영어에는 연음과 관련한 몇 가지 규칙이 있는데 가장 많이 쓰는 것을 살펴보면, 우선 [t, d, s] 소리로 끝나는 단어 뒤에 y로 시작하는 단어가 오면 두 소리가 겹쳐져서 발음된다.

또 get it에서 it과 같이 모음으로 시작하는 단어는 앞에 인접한 단어의 마지막 자음과 연결해서 발음한다. 따라서 [게릿]이 된다.

I **want to** get a **new purse**.

이외에도 위 문장의 want to처럼 서로 연이은 단어가 같은 자음으로 끝나고 시작할 경우에는 한 단어로 붙여서 발음한다. 이런 규칙이 적용되는 경우로는 bus stop [버스-땁], gas station [게스-떼이션] 등이 있다.

★ 연습하기

이제 다음을 연음에 유의해서 발음해 보자.

nee**d y**ou [니쥬]

mee**t y**ou [미츄]

mis**s y**ou [미슈]

sto**p it** [스따삣]

pic**k u**p [피껍]

chec**k in** [체낀]

ba**d d**ay [배-데이]

ho**t t**ea [하-띠]

PART 3

Chapter 11　음식 주문
Chapter 12　파티
Chapter 13　외식
Chapter 14　음주
네이티브처럼 말하기

Chapter 11
음식 주문

Unit 1
Can I get the menu?

Unit 2
What's the special for today?

Unit 3
Could you recommend a dish for us?

Unit 4
We are ready to order.

Unit 1
Can I get the menu?

Can I get the menu?

A: Can I get the menu?
메뉴 좀 볼 수 있을까요?

B: Sure. Here it is.
물론이요. 여기 있어요.

TIPS

"메뉴 좀 보여주세요."라고 말할 때 Can I get the menu? 이외에 I'd like to see the menu.나 Can I see the menu, please?라고 표현할 수 있다. 뭔가를 상대방에게 전해주면서 "여기 있어요."라고 말할 때에는 Here it is.라고 한다. 이와 같은 의미로 Here you go.나 Here you are.로 표현해도 된다.

I'd like to have spaghetti, please.

A: I'd like to have spaghetti, please.
스파게티로 주세요.

B: OK. It will take about 10 minutes.
예, 10분 정도 걸릴 거예요.

TIPS

동사 have는 '~을 가지다'라는 뜻 이외에 '~을 먹다', '~을 마시다'라는 뜻으로도 사용한다. 또한 동사 take는 다양한 뜻을 가지고 있는데 위에서는 '얼마의 시간이 걸리다'라는 뜻으로 썼다.

▶ It takes about thirty minutes to get to the station. 역까지 가는데 30분 정도 걸린다.

CONVERSATION

A: Can I get the menu?
B: Sure. Here it is.
A: I'd like to have spaghetti, please.
B: OK. It will take about 10 minutes.

메뉴 좀 볼 수 있을까요?
물론이요. 여기 있어요.
스파게티로 주세요.
예. 10분 정도 걸릴 거예요.

Extension

A: Can I see the menu, please?
B: Sure. Here you go.
A: Let me get the mushroom hamburger, please.
B: Great. It's going to take about 15 minutes.

메뉴 볼 수 있나요?
그럼요. 여기 있어요.
버섯 햄버거로 주세요.
좋아요. 15분 정도 걸릴 거예요.

위 대화에서 메뉴판을 건네주면서 Here it is.나 Here you go.라고 말하고 있는데, 이처럼 물건을 건네줄 때 쓰는 말로는 Here you are.나 This[It] is for you. 또는 Here it is. 등이 있다.

» A: Could you pass me the salt, please? 소금 좀 건네줄래?
　B: Sure. Here it is. 응, 여기 있어.

WORDS & EXPRESSIONS

menu 명 메뉴　　**spaghetti** 명 스파게티　　**take** 동 시간이 걸리다　　**about** 부 약, 대략
minute 명 (시간) 분　　**mushroom** 명 버섯　　**hamburger** 명 햄버거

Unit 2
What's the special for today?

What's the special for today?

A: What's the special for today?
오늘의 특별 요리가 뭐죠?

B: It's seafood pasta with garlic bread.
마늘빵이 곁들여 나오는 해물 파스타입니다.

TIPS

식당에서 사용하는 special이란 '특별 음식'을 의미한다. What's the special for today? 이외에 What's today's special?이라고 할 수 있다. 이외에 house specialty(식당에서 잘하는 요리)를 사용해서 What's the house specialty?(이 식당에서 잘하는 음식이 뭐죠?)라고 말할 수 있다. 이때 house는 '식당'을 의미한다.

Do you need anything else?

A: That sounds great! I'll have that.
맛있겠군요! 그걸로 하죠.

B: Do you need anything else?
다른 필요한 것은 없으신가요?

TIPS

Do you need anything else?는 Anything else?로 줄여 표현해도 된다. 이때 else는 이미 언급한 말에 덧붙여 '그 밖의 다른'이란 뜻으로 앞에 오는 말과 하나의 단위를 이루는데, 아래와 같은 단어가 else 앞에 온다.

▶ something / anything / nothing / everything / what / who / whose / where / how
somebody / anybody / nobody / everybody / someone / anyone / no one

CONVERSATION

A: What's the special for today?
B: It's seafood pasta with garlic bread.
A: That sounds great! I'll have that.
B: Do you need anything else?

오늘의 특별 요리가 뭐죠?
마늘빵이 곁들여 나오는 해물 파스타입니다.
맛있겠군요! 그걸로 하죠.
다른 필요한 건 없으신가요?

Extension

A: What's the house specialty?
B: We have cream sauce pasta with shrimp in it.
A: OK. I will think about it.
B: Sure. Please let me know when you are ready.

이 식당에서 잘하는 음식이 뭐죠?
새우가 들어 있는 크림 파스타예요.
예. 생각 좀 해볼게요.
물론이요. 준비되면 알려주세요.

WORDS & EXPRESSIONS

special 형 특별한　**seafood** 명 해산물　**pasta** 명 파스타　**garlic** 명 마늘
bread 명 빵　**sound** 동 ~인 것 같다　**anything** 대 무엇이든　**else** 부 그 밖의 다른
specialty 명 전문, 특기　**shrimp** 명 새우　**ready** 형 준비된

Unit 3
Could you recommend a dish for us?

Could you recommend a dish for us?

A: Could you recommend a dish for us?
우리에게 요리 좀 추천해주실래요?

B: Sure. This right here is a new dish and it is great.
물론이요. 바로 여기 새로운 요리가 있는데 맛있어요.

TIPS

recommend는 '추천하다'라는 뜻으로 종업원에게 추천 요리를 물어볼 경우에는 Could you recommend a dish for us?(우리에게 음식을 추천해주실래요?) 또는 What do you recommend today?(오늘 추천 음식이 뭐죠?)라고 할 수 있다.

What kind of dish is that?

A: What kind of dish is that?
어떤 종류의 요리예요?

B: It's curry with chicken and potatoes.
닭고기와 감자가 들어 있는 카레예요.

TIPS

what kind of ~는 '어떤 종류의 ~'라는 의미이며, dish는 '접시'라는 뜻도 있지만 여기에서는 '요리'라는 뜻으로 썼다. with는 '~와 함께'라는 뜻으로 curry with chicken and potatoes는 '치킨과 감자가 들어 있는 카레'를 의미한다.

▶ The dish comes with a soup and a salad. 그 요리는 수프와 샐러드가 함께 나온다.

CONVERSATION

A: Could you recommend a dish for us?

B: Sure. This right here is a new dish and it is great.

A: What kind of dish is that?

B: It's curry with chicken and potatoes.

우리에게 요리 좀 추천해주실래요?
물론이요. 바로 여기 새로운 요리가 있는데 맛있어요.
어떤 종류의 요리예요?
닭고기와 감자가 들어 있는 카레예요.

Extension

A: Please recommend a good dish for us.
B: Sure. This dish is really great!
A: What's in it?
B: There are chicken, cashew nuts, onions, and stir-fried noodles in it.

맛있는 요리를 우리에게 추천해주세요.
물론이요. 이 요리가 정말 맛있어요!
뭐가 들어 있어요?
닭고기, 캐슈너트, 양파와 볶음 면이에요.

보통 명사를 복수형으로 만들 때에는 -s를 붙이면 된다.(nut → nuts, onion → onions 등) 하지만 potato처럼 -o로 끝나는 명사는 -es를 붙인다.(potato → potatoes, tomato → tomatoes 등) 이외에도 -f나 -fe로 끝나는 명사는 f를 v로 바꿔서 복수형을 만들기도 한다.(calf → calves, leaf → leaves, knife → knives 등)

WORDS & EXPRESSIONS

recommend 동 추천하다   **dish** 명 요리, 접시   **great** 형 정말 좋은
cashew nuts 명 캐슈너트(열대 아메리카산 견과류 열매로 식용함)   **onion** 명 양파
stir-fried 형 볶은   **noodles** 명 국수

Unit 4
We are ready to order.

We are ready to order.

A: We are ready to order.
주문할게요.

B: Sure. What would you like?
예. 무엇으로 하시겠어요?

TIPS

be ready to ~는 '~할 준비가 되다'라는 뜻으로 We are ready to order.는 주문할 거라는 의미이다. 이외에 We would like to order now.(지금 주문하고 싶어요.), Could you please take our order?(주문 좀 받아주실래요?) 등으로 표현할 수 있다.

We would like this, please.

A: We would like this, please.
이걸로 할게요.

B: OK. Thank you very much.
예. 감사합니다.

TIPS

would like는 want의 공손한 표현으로 '~을 원하다'라는 뜻으로 뒤에 원하는 물건이나 음식 등을 언급하면 된다. 그리고 [would like to+동사원형]은 '~을 하고 싶다'라는 표현이다.

▶ Would you like another cup of coffee? 커피 한 잔 더 드시겠어요?
▶ I would like to have some coffee. 나는 커피를 마시고 싶다.

CONVERSATION

A: We are ready to order.
B: Sure. What would you like?
A: We would like this, please.
B: OK. Thank you very much.

주문할게요.
예. 무엇으로 하시겠어요?
이걸로 할게요.
예. 감사합니다.

Extension

A: We would like to order now.
B: Sure. What can I get for you guys?
A: We would like to have this, please.
B: Anything else?

지금 주문하고 싶은데요.
예. 무엇으로 드릴까요?
이걸로 하고 싶어요.
다른 것은 없나요?

WORDS & EXPRESSIONS

be ready to ~할 준비가 되다　　**order** 동 주문하다　　**get** 동 가져오다
guys 명 [비격식] 사람들　　**anything** 대 무엇이든　　**else** 부 또 다른

CASE 1 단어들을 활용해 대화를 완성하세요.

A: What's _____ ?
(house, the, specialty)
이 식당에서 잘하는 음식이 뭐죠?

B: We have cream sauce pasta _____.
(in, with, shrimp, it)
새우가 들어 있는 크림 파스타예요.

A: OK. We will think about it.
예. 생각 좀 해볼게요.

B: Sure. Please _____ you are ready.
(know, let, me, when)
물론이죠. 준비되면 알려주세요.

CASE 2 대화를 완성해 보세요.

A: 추천해주세요 a good dish for us.

B: Sure. This dish is really great.

A: 뭐가 들어 있어요?

B: There are chicken, cashew nuts, onions, and stir-fried noodles in it.

CASE 3 다음 질문에 대한 답을 직접 해보세요.

<mark>What kind of dish is that?</mark>

▶ 닭고기와 감자가 들어 있는 카레예요.
▶ 크림 파스타예요.
▶ 그냥 소고기 요리예요.

CASE 1. the house specialty / with shrimp in it / let me know when
CASE 2. Please recommend / What's in it?
CASE 3. It's curry with chicken and potatoes. / It's cream pasta. / It's just a beef dish.

Chapter 12
파티

Unit 1
I will throw a party on Christmas Eve.

Unit 2
Should I bring something?

Unit 3
Where is the party going to be at?

Unit 4
I will have a get-together with my school friends.

Unit 1
I will throw a party on Christmas Eve.

I will throw a party on Christmas Eve.

A: I will throw a party on Christmas Eve.
크리스마스이브에 파티를 열 거야.

B: Good. I will help you.
좋아. 내가 도와줄게.

TIPS

throw는 '~을 던지다'라는 뜻 이외에 '(파티 등) 열다'라는 뜻도 있다는 것을 알아두자. throw 대신 동사 hold를 사용해서 hold a birthday party(생일 파티를 열다)라고 표현해도 된다.

- a going-away party 송별 파티 / a farewell party 송별 파티
  a welcome-home party 환영 파티 / a surprise party 깜짝 파티

How many people do you think will come?

A: I'd like to make invitations.
초대장을 만들고 싶어.

B: How many people do you think will come?
몇 명이 올 거라고 생각하니?

TIPS

[How many+셀 수 있는 명사 ~?]는 '얼마나 많이 ~하나요?'라는 뜻으로 수를 표현하는 many 다음에는 셀 수 있는 명사가 온다. 반대로 양을 나타낼 때에는 much를 써서 [How much+셀 수 없는 명사 ~?]로 표현한다.

- How many apples are there in the basket? 바구니에 사과가 몇 개 있나요?
- How much water is there in the pot? 냄비에 물이 얼마나 있나요?

CONVERSATION

A: I will throw a party on Christmas Eve.
B: Good. I will help you.
A: I'd like to make invitations.
B: How many people do you think will come?

크리스마스이브에 파티를 열거야.
좋아. 내가 도와줄게.
초대장을 만들고 싶어.
몇 명이 올 거라고 생각하니?

Extension

A: We will throw a surprise party for Kim.
B: That's a good idea. Let's invite all his friends.
A: I'd like to make invitations.
B: Good. I will help you.

Kim을 위해 깜짝 파티를 열거야.
좋은 생각이야. 그의 친구들을 모두 초대하자.
초대장을 만들고 싶어.
좋아. 내가 도와줄게.

WORDS & EXPRESSIONS

throw a party 파티를 열다   **invitation** 명 초대, 초대장   **surprise party** 깜짝 파티
invite 동 초대하다   **all** 형 모든

Unit 2
Should I bring something?

Should I bring something?

A: Can you come to the party tonight?
오늘 밤 파티에 올 수 있니?

B: Sure. Should I bring something?
물론. 뭘 좀 가져갈까?

TIPS
bring과 take의 뜻을 혼동하여 쓰는 경우가 많은데, take는 '가지고 가다'라는 뜻이고, bring은 '가지고 오다'라는 뜻이다.
- I will take this book to my teacher. 나는 이 책을 선생님에게 가져갈 것이다.
- Don't forget bring your lunch. 도시락 가져 오는 거 잊지 마.

Just bring yourself.

A: Just bring yourself.
그냥 몸만 와.

B: OK. I'll be there for sure.
알았어. 꼭 갈게.

TIPS
Just bring yourself.는 "그냥 몸만 와."라는 의미로 Just bring your appetite.(식욕만 가지고 와.)로 표현할 수도 있다. 이외에 Bring your own bottle[booze].(네가 마실 술을 가져와.)이라고 말하는 경우도 있는데 이때는 맥주 등을 가져가면 된다. 이것은 종종 BYOB 약어로 파티 초대장에 기재되어 있는 것을 볼 수 있다.

CONVERSATION

A: Can you come to the party tonight?
B: Sure. Should I bring something?
A: Just bring yourself.
B: OK. I'll be there for sure.

오늘 밤 파티에 올 수 있니?
물론. 뭘 좀 가져갈까?
그냥 몸만 와.
알았어. 꼭 갈게.

Extension

A: Can you come to the farewell party for John?
B: Sure, I'd love to. Do I need to bring anything?
A: Just bring yourself.
B: OK. I'll be there for sure.

John의 송별 파티에 올 수 있니?
물론, 가고말고. 뭘 가져가야 하니?
그냥 몸만 와.
알았어. 꼭 갈게.

need는 동사와 조동사로 쓴다. 동사로는 '(~을) 필요로 하다'라는 의미로 부정은 don't need가 되지만, 조동사로 쓰면 부정 형태가 need not이 되어 '~할 필요가 없다'는 뜻이다.

WORDS & EXPRESSIONS

tonight 〈부〉 오늘 밤에   **bring** 〈동〉 가져오다   **something** 〈대〉 어떤 것, 무엇
just 〈부〉 단지, 그냥   **yourself** 〈대〉 (you의 재귀대명사) 너 자신   **for sure** 확실히, 틀림없이
farewell 〈명〉 작별   **anything** 〈대〉 무엇, 아무것

Unit 3
Where is the party going to be at?

Where is the party going to be at?

A: Where is the party going to be at?
어디에서 파티가 열려?

B: It's going to be at my place.
내 집에서 있을 거야.

TIPS

전치사 at은 장소나 시간 앞에 쓴다. be going to는 미래에 '~할 것이다', '~할 예정이다'라는 의미이다.

▶ Where is the party going to be at?   어디에서 파티가 열리나요?
= Where will you have your party?

I can't wait!

A: OK! I can't wait!
좋아! 못 기다리겠어!

B: Come by 8 p.m.
저녁 8시까지 와.

TIPS

여기서 I can't wait.는 I can't wait to go to the party.를 줄여서 표현한 것으로 "파티에 무척 가고 싶어 기다릴 수가 없어."는 의미이다. 이렇게 I can't wait.는 안달이 나서 기다릴 수 없을 때 쓸 수 있는 표현이다.

▶ I can't wait to see you.   네가 보고 싶어 못 참겠어.(빨리 보고 싶어.)
▶ I can't wait to eat the cake.   그 케이크를 빨리 먹고 싶어.

CONVERSATION

A: Where is the party going to be at?
B: It's going to be at my place.
A: OK! I can't wait!
B: Come by 8 p.m.

> 어디에서 파티가 열려?
> 내 집에서 있을 거야.
> 좋아! 못 기다리겠어!
> 저녁 8시까지 와.

Extension

A: Can you tell me where the party will be held at?
B: The party will be held at Grand Hotel.
A: I'm so excited!
B: You can come by 10 p.m.

> 파티가 어디에서 있을지 얘기해줄래?
> 그랜드 호텔에서 열릴 거야.
> 나 너무 흥분돼!
> 저녁 10시까지 오면 돼.

WORDS & EXPRESSIONS

place 명 장소, (개인의) 집   **wait** 동 기다리다   **by** 전 ~까지   **come by** ~까지 오다
hold 동 열다, 개최하다   **be held** 열리다   **excited** 형 흥분한

Unit 4
I will have a get-together with my school friends.

I will have a get-together with my school friends.

A: I will have a get-together with my school friends.
학교 친구들과 모임을 가질 거야.

B: When is it going to be held?
언제 모임을 할 건데?

TIPS
get-together는 '회합', '모임', '간담[친목]회'라는 뜻이며, get together는 '모이다', '만나다'라는 뜻이다. a family get-together(가족 모임), an after-school get-together(방과 후 모임), a weekly get-together(주 모임), a small get-together(소모임) 형태로 자주 쓴다.

▶ I had a weekly get-together with my friends yesterday. 나는 어제 친구들과 주 모임을 가졌다.

Will you join us?

A: This Saturday. Will you join us?
이번 주 토요일. 너도 올래?

B: Sure. I miss them so much.
응. 친구들이 정말 보고 싶어.

TIPS
Will you join us?는 "너도 함께 할래?"라는 의미로 이와 같은 뜻의 표현에는 Won't you join us?나 Why don't you join us? 등이 있다. miss는 '없는 것을 섭섭히 여기다', '그리워하다'라는 뜻이며 '(사람을) 만나지 못하다', '(버스 등을) 타지 못하다' 등의 뜻도 있다.

▶ I will miss you. 네가 보고 싶을 것이다.
▶ I missed the train. 나는 기차를 놓쳤다.

CONVERSATION

A: I will have a get-together with my school friends.
B: When is it going to be held?
A: This Saturday. Will you join us?
B: Sure. I miss them so much.

학교 친구들과 모임을 가질 거야.
언제 모임을 할 건데?
이번 주 토요일. 너도 올래?
응. 친구들이 정말 보고 싶어.

Extension

A: We will have a family get-together.
B: When is it going to be held?
A: This Sunday. Will you join us?
B: Sure. I look forward to meeting them.

가족 모임을 할 거야.
언제 할 건데?
이번 일요일에. 너도 올래?
그래. 나도 만나보고 싶어.

Will you join us?(함께 할래?)와 같은 긍정의문문이나 Won't you join us?(함께 하고 싶지 않니?)처럼 부정의 문문 모두 그 답변이 긍정이면 Yes, 부정이면 No라고 대답하면 된다.

WORDS & EXPRESSIONS

get-together 명 [비격식] 모임, 파티   **held** 통 hold(회의 등을 열다, 개최하다)의 과거분사형
join 통 함께 하다   **miss** 통 그리워하다, 보고 싶다   **family get-together** 가족 모임
look forward to -ing ~을 기대하다, 고대하다   **meet** 통 만나다

CASE 1 단어들을 활용해 대화를 완성하세요.

A: We will _____ for Kim.
(surprise, a, throw, party)
Kim을 위해 깜짝 파티를 열거야.

B: That's a good idea. Let's _____.
(his, all, invite, friends)
좋은 생각이야. 그의 친구들을 모두 초대하자.

A: I'd _____. (make, to, like, invitations)
초대장을 만들고 싶어.

B: Good. I will help you.
좋아. 내가 도와줄게.

CASE 2 대화를 완성해 보세요.

A: We will have a 가족 모임.

B: When is it going to 열리다(개최되다)?

A: This Sunday. Will you join us?

B: Sure, I 기대하다(고대하다) meeting them.

CASE 3 다음 질문에 대한 답을 직접 해보세요.

Where is the party going to be at?

▶ 내 집에서 있을 거야.
▶ 나도 몰라.
▶ John이 오늘 저녁에 전화하기로 했어.

CASE 1. throw a surprise party / invite all his friends / like to make invitations
CASE 2. family get-together / be held / look forward to
CASE 3. It's going to be at my place. / I don't know. / John is going to call tonight.

Chapter 13
외식

Unit 1
Do you want to eat out tonight?

Unit 2
I'm craving for Chinese food.

Unit 3
I'm totally up for it!

Unit 4
Where shall we go for lunch?

Unit 1
Do you want to eat out tonight?

Do you want to eat out tonight?

A: Do you want to eat out tonight?
오늘 저녁 외식하고 싶어?

B: Sounds great! Let's go somewhere nice.
좋아! 멋진 곳에 가자.

TIPS

eat out은 '외식하다'라는 뜻이고 비슷한 표현인 go out for dinner는 '저녁을 외식하러 나가다'라는 의미이다. Sounds great!은 It sounds great!에서 주어 It이 생략된 표현이다. go somewhere nice는 직역하면 '어딘가 좋은 곳으로 가다'라는 의미로 go somewhere warm(따뜻한 곳으로 가다), go somewhere else(다른 곳으로 가다)의 표현들도 함께 알아두자.

How about going to Olive Garden?

A: Yes. Where do you want to go?
그래. 어디에 가고 싶어?

B: How about going to Olive Garden?
올리브 가든에 가는 게 어때?

TIPS

How about ~?(~하는 게 어때?)은 상대에게 무언가를 권하거나 제안할 때 쓴다. How about going to Olive Garden? 대신 What about going to Olive Garden?이나 Why don't we go to Olive Garden? 또는 Let's go to Olive Garden. 등으로 표현할 수 있다.

▶ How about going to the beach? 해변에 가는 게 어때요?
  = What about going to the beach?
  = Why don't we go to the beach?

CONVERSATION

A: Do you want to eat out tonight?
B: Sounds great! Let's go somewhere nice.
A: Yes. Where do you want to go?
B: How about going to Olive Garden?

오늘 저녁 외식하고 싶어?
좋아! 멋진 곳에 가자.
그래. 어디에 가고 싶어?
올리브 가든에 가는 게 어때?

Extension

A: Should we eat out tonight?
B: Sounds fabulous!
A: Where would you like to go?
B: How about Pizza Hut?

오늘 밤에 외식할까?
정말 좋아!
어디에 가고 싶어?
피자헛은 어때?

sound가 동사로 사용되면 말을 듣거나 글을 읽어보니 '~인 것 같다', '~처럼 들리다'라고 해서 어떤 느낌을 전할 때 사용한다. 이렇게 사용하는 sound는 불완전 자동사로 뒤에 great, nice 등과 같은 형용사가 온다.

WORDS & EXPRESSIONS

eat out 외식하다 **somewhere** 분 어딘가에 **How about ~?** ~하는 게 어때?
fabulous 형 멋진, 기막히게 좋은

Unit 2
I'm craving for Chinese food.

I'm craving for Chinese food.

A: I'm craving for Chinese food.
중국 음식이 엄청 먹고 싶어.

B: So am I! I want something tasty.
나도 그래! 뭔가 맛있는 게 먹고 싶어.

TIPS

crave (for)는 '~하고 싶은 생각이 간절하다'라는 뜻으로 for 다음에 원하는 것을 말하면 된다. something, anything, nothing과 같이 -ing로 끝나는 명사를 형용사가 수식할 경우에는 형용사가 이들을 뒤에서 수식한다는 것을 알아두자.

▶ I have nothing special today.   나는 오늘 특별히 할 일이 없다.
▶ I want to eat something special today.   나는 오늘 뭔가 특별한 것을 먹고 싶다.

Perfect!

A: Let's have dinner at Ho Lee Chow tonight.
오늘 밤에 호리차우에서 저녁 먹자.

B: Perfect!
좋아!

TIPS

Let's ~.는 '~하자'라는 뜻으로 상대방에게 뭔가를 제안하거나 권유할 때 사용한다. 이러한 제안에는 "정말 아주 좋아!"라는 의미로 종종 Perfect!를 사용한다. 이외에도 제안에 응답하는 표현으로는 Great.(좋아.), Good idea.(좋은 생각이야.), Good suggestion.(좋은 제안이야.) 등이 있다.

CONVERSATION

A: I'm craving for Chinese food.
B: So am I! I want something tasty.
A: Yeah. Let's have dinner at Ho Lee Chow tonight.
B: Perfect!

중국 음식이 엄청 먹고 싶어.
나도 그래! 뭔가 맛있는 게 먹고 싶어.
그래. 오늘 밤에 호리차우에서 저녁 먹자.
좋아!

Extension

A: I suddenly want some good Japanese food.
B: So do I!
A: Why don't we go eat at Ichiban tonight?
B: Excellent!

갑자기 맛있는 일식이 먹고 싶어.
나도 그래!
오늘 밤에 이치반에 가는 거 어때?
아주 좋아!

앞의 사람의 말에 맞장구를 치면서 "나도 그렇다."라고 말할 때 So do I.를 사용한다. 물론 동사는 앞의 동사에 따라서 be동사나 have동사, 조동사, do(일반동사의 경우)를 사용한다. 같은 의미로는 Me, too.나 Same here. 또는 Ditto.가 있다.

» A: I love peaches. 난 복숭아를 좋아해.
  B: So do I. 나도 그래.
» A: I am so stressed out.
     나 너무 스트레스 받아.
  B: So am I. 나도 그래.

WORDS & EXPRESSIONS

crave 동 갈망하다, 열망하다   **crave for** ~하고 싶은 생각이 간절하다   **tasty** 형 맛있는
tonight 부 오늘 밤에   **perfect** 형 완벽한   **suddenly** 부 갑자기
excellent 감 아주 좋아(기쁨·만족을 나타냄)

Unit 3
I'm totally up for it!

I'm totally up for it!

A: How about ordering some pizza?
피자 주문하는 게 어때?

B: I'm totally up for it!
전적으로 찬성이야!

TIPS

I'm totally up for it!에서 it은 피자를 주문하는 것을 의미하는 것으로 "피자를 주문하는 것에 전적으로 찬성이야."라는 뜻이다. 예를 들어 I'm going to have spaghetti for dinner, are you for it?(나는 저녁으로 스파게티를 먹을 건데, 너도 먹을래?)이라는 문장에서 Are you for it?은 "너도 찬성이니?"라는 의미이다.

What kind of pizza do you want?

A: What kind of pizza do you want?
어떤 종류의 피자를 먹을 거야?

B: Pepperoni pizza with mozzarella and a Coke.
모차렐라가 있는 페퍼로니 피자랑 콜라.

TIPS

what kind of는 '어떤 종류의'라는 뜻으로 kind of 다음에 오는 명사에는 주로 관사를 붙이지 않으며, 일반적으로 뒤에는 단수 명사나 불가산 명사가 온다. 반면 kinds of 뒤에는 복수 명사나 가산 명사가 온다.

▶ What kinds of books do you like to read? 어떤 종류의 책을 읽기 좋아하나요?

CONVERSATION

A: How about ordering some pizza?
B: I'm totally up for it!
A: What kind of pizza do you want?
B: Pepperoni pizza with mozzarella and a Coke.

피자 주문하는 게 어때?
전적으로 찬성이야!
어떤 종류의 피자를 먹을 거야?
모차렐라가 있는 페퍼로니 피자랑 콜라.

Extension

A: How about ordering some food for dinner?
B: Yes. That sounds like a good idea!
A: What kind of food do you want?
B: I'd like chicken lo mein and fried rice.

저녁에 음식을 주문하는 게 어때?
응. 좋은 생각이야!
어떤 종류의 음식을 원해?
치킨 로 메인과 볶음밥이 먹고 싶어.

WORDS & EXPRESSIONS

totally 뮈 전적으로	**be up for** ~에 찬성이다	**with** 전 ~을 가진	**order** 동 주문하다
dinner 명 저녁 식사	**sound like** ~인 것 같다		
lo mein 로 메인(국수와 야채, 고기를 함께 볶은 중국 음식)		**fried** 형 기름에 튀긴	**rice** 명 밥

Unit 4
Where shall we go for lunch?

Where shall we go for lunch?

A: Where shall we go for lunch?
점심 어디로 먹으러 갈까?

B: I heard that Sandy's is good.
샌디스가 좋다고 들었어.

TIPS

shall이 1·3인칭의 의문문으로 사용될 때에는 '~할까요?', '~하는 게 어때요?'와 같이 상대방의 의사를 묻는 의미로 쓴다. Shall we go for a walk?(산책하러 갈까?)에서 Shall we ~? 대신 Let's ~.를 써서 Let's go for a walk.(산책하러 가자.)라고 해도 된다.

Then let's give it a try!

A: Yeah. That new place seems great.
그래. 새로 생긴 곳이 멋질 것 같아.

B: Then let's give it a try! It's my treat this time.
그럼 한번 가보자! 이번에는 내가 살게.

TIPS

give it a try는 직역하면 '그것에 시도를 해보다'라는 의미로, 이때 try는 명사로 '시도'라는 뜻으로 쓰였다.

▶ I'm not good at soccer, but I'll give it a try. 나는 축구를 못하지만, 시도해볼 거야.

CONVERSATION

A: Where shall we go for lunch?
B: I heard that Sandy's is good.
A: Yeah. That new place seems great.
B: Then let's give it a try! It's my treat this time.

점심 어디로 먹으러 갈까?
샌디스가 좋다고 들었어.
그래. 새로 생긴 곳이 멋질 것 같아.
그럼 한번 가보자! 이번에는 내가 살게.

Extension

A: Where shall we go for dinner tonight?
B: How about Chinese food?
A: Let's try the new restaurant near our house.
B: OK! It's on me this time.

오늘 밤에 저녁 어디로 먹으러 나갈까?
중국 음식 어때?
집 근처에 새로 생긴 레스토랑에 가보자.
좋아! 이번에는 내가 살게.

treat은 '특별한 선물', '대접', '한턱'이라는 뜻으로 It's my treat this time.은 "이번에 내가 살게."라는 뜻이다. 유사한 표현으로 It's on me.나 I will pick up the tab. 등이 있다.

WORDS & EXPRESSIONS

go for ~하러 가다   **lunch** 명 점심 식사   **seem** 동 ~인 것 같다
let's (let us의 줄임말) ~하자   **place** 명 장소   **give it a try** 한번 해보다, 시도하다
treat 명 대접, 한턱   **this time** 이번에는   **Chinese food** 중국 음식
restaurant 명 레스토랑   **near** 형 (장소·시간적으로) 가까운

CASE 1 단어들을 활용해 대화를 완성하세요.

A: _____ some pizza?
(about, how, ordering)
피자 주문하는 게 어때?

B: I'm _____ it! (for, up, totally)
전적으로 찬성이야!

A: _____ do you want?
(of, kind, what, pizza)
어떤 종류의 피자를 먹을 거야?

B: Pepperoni pizza with mozzarella and a Coke.
모차렐라가 있는 페퍼로니 피자랑 콜라.

CASE 2 대화를 완성해 보세요.

A: Do you want to eat out tonight?

B: Sounds great! 멋진 곳에 가자!

A: Yes. 어디에 가고 싶어?

B: How about going to Olive Garden?

CASE 3 다음 말에 적절한 응답을 직접 해보세요.

<mark>Let's eat out tonight!</mark>

▸ 좋은 생각인 거 같아.
▸ 토니스에 가는 거 어때?
▸ 미안한데, 속이 안 좋아.

CASE 1. How about ordering / totally up for / What kind of pizza
CASE 2. Let's go somewhere nice! / Where do you want to go?
CASE 3. That sounds like a good idea. / Shall we go to Tony's? / Excuse me, but I feel sick.

Chapter 14
음주

Unit 1
Would you like to have a drink?

Unit 2
I feel buzzed.

Unit 3
I feel drunk.

Unit 4
Let's have a couple of drinks!

Unit 1
Would you like to have a drink?

Would you like to have a drink?

A: Would you like to have a drink?
술 한잔할래?

B: Sure! I'll have a margarita.
그래! 난 마르가리타로 할래.

TIPS

drink는 명사로 '음료', '술'이란 뜻이 있으며, have a drink라고 하면 '술 한잔하다'라는 의미이다. Would you like to have a drink after work?라고 하면 "퇴근 후 술 한잔할래?"라는 의미이다.

Shall we have a toast?

A: Shall we have a toast?
건배할까?

B: All right! To our health!
좋아! 우리의 건강을 위해서!

TIPS

toast는 '건배', '축배'라는 뜻으로 Shall we have a toast?는 "우리 건배할까?"라는 의미이다. 이외에 propose a toast to ~는 '~를 위해 건배를 제안하다'라는 뜻으로 I'd like to propose a toast to Mr. Kim.은 "Kim 씨를 위해 건배하고 싶어."라는 의미이다. 이때 '~을 위하여'는 전치사 for가 아니라 to를 써서 표현한다는 것을 알아두자.

▶ To your health! 당신의 건강을 위하여!
▶ To our love! 우리의 사랑을 위하여!
▶ To our success! 우리의 성공을 위하여!

CONVERSATION

A: Would you like to have a drink?
B: Sure! I'll have a margarita.
A: Shall we have a toast?
B: All right! To our health!

술 한잔할래?
그래! 난 마르가리타로 할래.
건배할까?
좋아! 우리의 건강을 위해서!

Extension

A: Would you like to have a drink?
B: Sure! I'd like to have a beer.
A: Let's have a toast.
B: All right! To our love!

술 한잔할래?
물론! 난 맥주 마실래.
건배하자!
좋아! 우리의 사랑을 위하여!

WORDS & EXPRESSIONS

drink 명 술 (한 잔)　**margarita** 명 (과일 주스와 테킬라(Tequila)를 섞은 칵테일) 마르가리타
toast 명 건배　**health** 명 건강　**beer** 명 맥주

Unit 2
I feel buzzed.

I feel buzzed.

A: I feel buzzed.
  술이 취한 것 같아.

B: I think you've had enough.
  너 마실 만큼 마신 것 같아.

TIPS

비격식적으로 buzzed라고 하면 형용사로 '술이 취한'이라는 뜻이다. 따라서 I'm pretty buzzed. 라고 하면 "나는 많이 취했어."가 된다. 이처럼 '술이 취하다'와 관련한 표현으로는 feel tipsy(약간 취하다), get drunk(취하다) 등이 있다.

How about one for the road?

A: How about one for the road?
  마지막으로 한 잔 어때?

B: I'd like to, but I can't. If I don't leave now, I will miss the last subway.
  그러고 싶지만 안 돼. 지금 떠나지 않으면 마지막 전철을 놓칠 거야.

TIPS

one for the road는 떠나기 전에 마지막으로 한 번 더 하는 일을 의미하며, 이 대화에서는 '마지막 한 잔'을 뜻한다. How about one for the road?와 비슷한 의미로 Let's have one more for the road.(마지막으로 한 잔 더 하자.)가 있고, "한 잔 씩 더 하자!"는 Let's have one more round.라고 표현한다.

CONVERSATION

A: I feel buzzed.
B: I think you've had enough.
A: How about one for the road?
B: I'd like to, but I can't. If I don't leave now, I will miss the last subway.

> 술이 취한 것 같아.
> 너 마실 만큼 마신 것 같아.
> 마지막으로 한 잔 어때?
> 그러고 싶지만 안 돼. 지금 떠나지 않으면 마지막 전철을 놓칠 거야.

Extension

A: I think you're really buzzed.
B: No, I don't think so. I'm OK.
A: Then, how about one for the road?
B: Alright.

> 내 생각에 너 정말 취한 것 같아.
> 아니, 그렇지 않아. 난 괜찮아.
> 그러면, 마지막으로 한 잔 어때?
> 좋아.

※ '취한 것 같다'를 의미하는 표현
I feel a little drunk.
I'm a little buzzed.
I'm buzzing.
I'm getting tipsy.
I'm feeling a little tipsy.
I'm feeling a bit buzzed.

WORDS & EXPRESSIONS

buzz 명 들뜬 기분　**enough** 형 충분한　**leave** 동 떠나다
one for the road 마지막 한 잔　**miss** 동 놓치다　**last** 형 최후의, 마지막의
subway 명 지하철　**really** 부 정말로

Unit 3
I feel drunk.

I feel drunk.

A: I feel drunk.
나 취했어.

B: You look it!
그렇게 보여!

TIPS

drunk는 '술이 취한'이라는 뜻으로 drunken(술이 취한)과 구별하여 쓸 필요가 있다. 보통 drunk 다음에는 명사가 오지 않으나 drunken 다음에는 명사가 온다.

▶ a drunken driver 음주 운전자 / my drunken wife 나의 술 취한 아내 / drunken driving 음주 운전

I think I might have a hangover tomorrow.

A: I think I might have a hangover tomorrow.
내일 숙취로 고생할 거 같아.

B: Control yourself!
자제 좀 해!

TIPS

hangover는 '숙취'라는 뜻으로 have a hangover는 '술이 덜 깨다'라는 의미이다. bad, terrible 을 이용하여 have a bad/terrible hangover라고 할 수도 있다. be hung over는 '숙취가 있다' 라는 의미이다.

▶ I'm slightly hung over. 나는 약간 숙취가 있다.

CONVERSATION

A: I feel drunk.

B: You look it!

A: I think I might have a hangover tomorrow.

B: Control yourself!

나 취했어.
그렇게 보여!
내일 숙취로 고생할 거 같아.
자제 좀 해!

Extension

A: I feel like I'm getting drunk.
B: You seemed drunk for a while now.
A: I really don't want to have a hangover tomorrow.
B: Then you should stop drinking now.

취기가 올라오는 거 같아.
너 지금 한동안 취한 것 같아.
나 내일 정말 숙취로 고생하고 싶지 않아.
그러면 지금 그만 마셔야 해.

[feel+형용사]의 형태는 어떤 감정이나 감각을 경험하고 있거나, 경험했을 때 사용한다. 이런 경우에는 단순 현재 시제나 진행시제로 사용한다.
» I feel lonely. 나는 외롭다.
» I'm feeling terrible.
　나는 기분이 나쁘다.

WORDS & EXPRESSIONS

drunk 형 취한　　**might** 조 ~일지 모른다, ~할 거 같다　　**hangover** 명 숙취
have a hangover 술이 덜 깨다　　**control oneself** 자제하다　　**feel like** ~한 느낌이다
get drunk 취하다　　**seem** 동 ~인 것 같다　　**for a while** 잠시 동안　　**then** 부 그러면
stop -ing ~하는 것을 멈추다

Unit 4
Let's have a couple of drinks!

Let's have a couple of drinks!

A: Let's have a couple of drinks after work!
일 마치고 술 몇 잔 하자!

B: I'd like to, but I can't.
그러고 싶지만 안 될 것 같아.

TIPS

have a couple of drinks는 '몇 잔 마시다'라는 의미이며, after work은 '일을 마친 후에'라는 의미이다. "일 마치고 술 몇 잔 하자!"라고 할 때에는 Let's grab a couple of drinks after work! 나 Why don't we have a couple of drinks after work?로 표현할 수 있다.

Why not?

A: Why not?
왜 안 돼?

B: I have to wake up early in the morning tomorrow.
내일 아침 일찍 일어나야 해.

TIPS

Why not?은 대화의 상황에 따라 '어째서 갈 수 없니?'라고 안 되는 이유를 물어보거나 '~하는 게 어때?'라고 제안을 하거나 '왜 아니겠어?'라고 상대방에게 동의를 나타내는 등 다양하게 사용한다.

▶ Why not have a day off?   하루 쉬는 게 어때? (제안)
▶ A: Let's order some pizza.   피자 시키자.
　B: Why not?   왜 아니겠어?/좋아. (동의)

CONVERSATION

A: Let's have a couple of drinks after work.
B: I'd like to, but I can't.
A: Why not?
B: I have to wake up early in the morning tomorrow.

> 일 마치고 술 몇 잔 하자!
> 그러고 싶지만 안 될 것 같아.
> 왜 안 돼?
> 내일 아침 일찍 일어나야 해.

Extension

A: Why don't we have a couple of drinks after work?
B: I'd like to, but I can't.
A: Why not?
B: I have a date with my girlfriend.

> 퇴근 후에 술 몇 잔 하자!
> 그러고 싶지만 안 될 것 같다.
> 왜 안 돼?
> 여자친구와 데이트가 있어.

WORDS & EXPRESSIONS

a couple of 둘의, 두서너 개의   **drink** 명 술 (한 잔)   **after work** 일을 마친 후에, 퇴근 후에
wake up 깨다, 일어나다   **early** 부 일찍   **have a date with** ~와 데이트를 하다

CASE 1 단어들을 활용해 대화를 완성하세요.

A: I _____ drunk. (I'm, like, feel, getting)
취기가 올라오는 거 같아.

B: You seemed drunk for a while now.
너 지금 한동안 취한 것 같아.

A: I really don't _____ tomorrow.
(hangover, a, to, want, have)
나 내일 정말 숙취로 고생하고 싶지 않아.

B: Then you _____ now.
(drinking, stop, should)
그러면 지금 그만 마셔야 해.

CASE 2 대화를 완성해 보세요.

A: Let's have 술 몇 잔 after work.

B: 나도 그러고 싶다, but I can't.

A: Why not?

B: I have to 일찍 깨다(일어나다) in the morning tomorrow.

CASE 3 다음 질문에 대한 답을 직접 해보세요.

<mark>Would you like to have a drink?</mark>

▸ 물론. 난 맥주로 할래.
▸ 좋아. 금요일이잖아.
▸ 너무 많이 마시지는 말자.

CASE 1. feel like I'm getting / want to have a hangover / should stop drinking
CASE 2. a couple of drinks / I'd like to / wake up early
CASE 3. Sure! I'll have a beer. / OK. It is Friday. / Let's not drink too much.

★영어 의미 단위로 띄어 읽어라

What kind of pizza / do you want?

영어로 의미를 정확히 전달하기 위해서는 띄어 읽기를 잘해야 한다. 우리말에서도 "아버지가 방에 들어가신다."를 잘못 끊어 읽으면 "아버지 가방에 들어가신다."가 될 수 있다는 것을 배웠을 것이다. 영어에서도 어디를 끊어 읽느냐에 따라서 의미가 다르게 전달된다. 예를 들어, I know you / like my brother.이라고 끊어 읽으면 "나는 너를 내 동생처럼 알고 있다." 즉, "잘 알고 있다."는 뜻이지만, I know / you like my brother.라고 하면 "나는 네가 내 동생을 좋아하는 것을 알고 있다."가 된다.

영어를 끊어 읽을 때는 의미 단위로 끊어 읽어야 한다. 특히, 영어는 우리나라와 어순이 다르기 때문에 앞에서부터 문장의 의미 단위로 즉, 주어, 동사, 목적어(보어), 수식구 등을 의미 단위로 묶어서 끊어 읽어야 한다. 위 문장의 경우는 주어가 길기 때문에 주어 부분인 What kind of pizza에서 한 번 끊어 읽어야 한다. 이외에도 동사구, 명사구 단위로 끊어서 읽어야 듣는 사람이 제대로 이해할 수 있다.

★연습하기

이제 다음 문장을 끊어 읽기에 유의해서 읽어 보자.

Do you like eating / street food?
거리 음식 먹는 거 좋아하니?

I have to wake up early / in the morning / tomorrow.
내일 아침 일찍 일어나야 해.

Let's have / a couple of drinks / after work!
일 마치고 술 몇 잔 하자!

I'd like to, / but I can't.
그러고 싶지만 안 될 것 같다.

PART 4

Chapter 15 날씨
Chapter 16 취미
Chapter 17 교통
Chapter 18 전화/통화
네이티브처럼 말하기

Chapter 15
날씨

Unit 1
How's the weather today?

Unit 2
It's raining like crazy!

Unit 3
Spring is just around the corner.

Unit 4
Rainy season has just begun.

Unit 1
How's the weather today?

How's the weather today?

A: How's the weather today?
오늘 날씨가 어때?

B: I'm not sure.
잘 모르겠어.

TIPS

"오늘 날씨가 어때?"는 How's the weather today?나 What's the weather like today?라고 표현한다. 이때 weather 대신에 climate을 쓰지 않도록 주의하자. weather는 비교적 짧은 기간의 대기 상태를 말하며, climate은 어느 지역에 있어서 1년을 주기로 반복하는 대기의 종합 평균 상태를 말한다.

▶ I want to move to a warmer climate. 나는 보다 따뜻한 지역으로 이사를 가고 싶다.
　I want to move to a warmer weather. (x)

It seems a bit cold.

A: It seems a bit cold.
좀 추운 거 같은데.

B: You'd better wear a coat when you go out.
외출할 때 외투를 입는 게 좋겠어.

TIPS

날씨를 묻는 질문에 대한 답으로는 It's chilly.(쌀쌀해.), It's cold.(추워.), It's drizzling.(이슬비가 내려.), It's sunny.(맑아.), It's raining.(비가 와.), It's snowing.(눈이 와.), It's windy.(바람이 불어.) 등이 있다. 날씨나 시간 등을 표현할 때 대명사 it을 쓰며, 이때 it은 해석하지 않는다.

CONVERSATION

A: How's the weather today?
B: I'm not sure.
A: It seems a bit cold.
B: You'd better wear a coat when you go out.

오늘 날씨가 어때?
잘 모르겠어.
좀 추운 거 같은데.
외출할 때 외투를 입는 게 좋겠어.

Extension

A: How is it outside?
B: I think it's pretty cold.
A: It looks like it's going to snow.
B: I think it's going to snow a lot.

밖에 날씨 어때?
꽤 추워.
눈이 내릴 것 같아.
눈이 많이 내릴 것 같아.

had better은 '(~하는 것이) 좋을 것이다'라는 뜻으로 [had better+동사원형]의 형태로 쓴다. 누군가 어떤 일을 해야 한다고 충고하는 어감을 갖고 있다. 부정형은 [had better not+동사원형]이다.

WORDS & EXPRESSIONS

weather 명 날씨 **seem** 동 ~인 것 같다 **a bit** 조금 **had better** ~하는 편이 낫다
coat 명 코트 **go out** 나가다, 외출하다 **outside** 부 밖에 **pretty** 부 꽤, 무척
look like ~인 것 같다 **snow** 동 눈이 오다[내리다] **a lot** 많이

Unit 2
It's raining like crazy!

It's raining like crazy!

A: It's raining like crazy!
비가 미친 듯이 쏟아지고 있어!

B: Did you get wet?
젖었어?

TIPS

"비가 억수같이 와."라는 표현으로 It rains cats and dogs.와 It pours down. 등이 있다. wet 은 '젖은'이라는 의미도 있지만 '비가 오는', '날씨가 궂은' 등의 뜻도 있다.

▶ It's wet outside.   밖에 비가 온다.
▶ It's going to be wet in the afternoon.   오후에 비가 올 것이다.

I got caught in the rain.

A: I got caught in the rain.
비 맞았어.

B: Sorry to hear that!
안됐다!

TIPS

get caught은 '잡히다', '포착되다'라는 의미로 get caught in the rain은 '비를 맞다'라는 뜻이다. 이외에 get caught는 get caught in rush-hour traffic(교통체증에 걸리다), get caught in trouble(곤경에 처하다) 등을 표현하는 데 사용한다.

CONVERSATION

A: It's raining like crazy!
B: Did you get wet?
A: I got caught in the rain.
B: Sorry to hear that!

비가 미친 듯이 쏟아지고 있어!
젖었어?
비 맞았어.
안됐다!

Extension

A: It's pouring outside.
B: Do you have an umbrella?
A: No, and I have a dental appointment later.
B: You'd better stay home today.

밖에 비가 억수같이 쏟아지고 있어.
너 우산 있어?
아니, 난 이따 치과 약속도 있는데.
너 오늘은 집에 있는 게 좋을 거야.

상대방이 처한 상황에 대해 "안됐다."라고 말하는 표현으로는 Sorry to hear that. 이나 That's too bad. 외에도 I deeply sympathize with you. 나 That's a pity. 또는 I felt bad. 등이 있다.

WORDS & EXPRESSIONS

crazy 형 미친　　**like crazy** 미친 듯이　　**caught** 동 catch(잡다)의 과거분사
get caught in the rain 비를 만나다　　**pour** 동 마구 쏟아지다　　**umbrella** 명 우산
dental 형 치아의　　**appointment** 명 약속　　**later** 부 후에, 나중에
had better ~하는 것이 좋을 것이다, ~하는 편이 낫다

Unit 3

Spring is just around the corner.

Spring is just around the corner.

A: Spring is just around the corner.
조금 있으면 봄이야.

B: It's getting warmer and warmer.
날씨가 점점 따뜻해지고 있어.

TIPS

just around the corner는 '바로 저기 모퉁이에'라는 의미로 아주 가까운 거리를 표현하는 말이다. Spring is just around the corner.와 같은 의미로 Spring is almost here.(봄이 거의 왔어.)라고 할 수도 있다. warmer and warmer 대신에 hotter and hotter로 바꿔서 표현해도 된다.

I wish the weather would get warmer soon.

A: I wish the weather would get warmer soon.
날씨가 빨리 따뜻해졌으면 좋겠어.

B: I totally agree with you.
전적으로 동의해.

TIPS

미래에 어떤 일이 일어나기를 희망할 때에는 [I wish (that)+가정법 동사]로 표현할 수 있다. 그리고 agree는 '동의하다'라는 뜻으로 agree with 다음에는 '사람'이 오고, agree to 다음에는 사람이 아닌 '제안', '계획' 등이 온다.

- ▶ I wish it would snow. 눈이 내렸으면 좋겠다.
- ▶ I wish it would stop raining soon. 비가 빨리 그쳤으면 좋겠다.

CONVERSATION

A: Spring is just around the corner.
B: It's getting warmer and warmer.
A: I wish the weather would get warmer soon.
B: I totally agree with you.

조금 있으면 봄이야.
날씨가 점점 따뜻해지고 있어.
날씨가 빨리 따뜻해졌으면 좋겠어.
전적으로 동의해.

Extension

A: Spring is almost here.
B: It's getting hotter and hotter.
A: This weather makes me so happy!
B: I totally agree with you.

봄이 거의 왔어.
날씨가 점점 더워지고 있어.
이런 날씨 너무 좋아!
전적으로 동의해.

'훨씬 더 따뜻한'이라고 표현할 때에는 much warmer라고 한다. 이처럼 비교급 warmer를 수식할 수 있는 부사는 much 이외에도 still, far, even, a lot 이 있다.

WORDS & EXPRESSIONS

spring 명 봄　　**around the corner** 목전에 있는, 아주 가까운
get warmer and warmer 점점 더 따뜻해지다　　**totally** 부 전적으로
agree with ~에 동의하다　　**almost** 부 거의　　**here** 부 여기에
get hotter and hotter 점점 더 더워지다

Unit 4
Rainy season has just begun.

Rainy season has just begun.

A: The weather report said it's going to rain until this weekend.
일기예보에서 이번 주말까지 비가 온대.

B: Rainy season has just begun.
장마가 시작됐네.

TIPS

rainy season은 '장마'라는 의미로 "장마가 시작됐어."는 Rainy season has set in.이나 Rainy season has just started. 또는 The rainy season is finally under way.라고 표현할 수 있다. be going to는 보통 확정된 미래의 동작이나 상태 등을 표현하는 데 주로 사용한다.

Same here!

A: I wish it would stop raining soon!
비가 곧 그쳤으면 좋겠어!

B: Same here!
동감이야!

TIPS

Same here.은 The same is true for me.를 줄인 표현으로 "나도 그렇게 생각해."라는 뜻이다. 이와 비슷한 표현으로 I agree with you!(동감이야!)가 있다. 또한 Same here.는 식당에서 상대방과 같은 것을 주문할 때 "저도 같은 걸로 주세요."라는 뜻으로 쓴다는 것도 알아두자.

CONVERSATION

A: The weather report said it's going to rain until this weekend.
B: Rainy season has just begun.
A: I wish it would stop raining soon!
B: Same here!

일기예보에서 이번 주말까지 비가 온대.
장마가 시작됐네.
비가 곧 그쳤으면 좋겠어!
동감이야!

Extension

A: I heard that it's going to rain until this weekend.
B: It seems that the rainy season is finally under way.
A: I hope it will not rain a lot this year.
B: Me too!

이번 주말까지 비가 온다고 들었어.
장마철이 온 것 같아.
올해는 비가 많이 안 왔으면 좋겠어.
나도 그래!

stop, begin, start, enjoy 등은 동명사를 목적어로 취하는 대표적인 동사들이다. 일반적으로 동명사를 목적어로 취하는 동사들은 과거지향적인 반복, 습관, 중단, 도피의 성격을 가지는데, '일반적'이라는 의미를 가진다. 이외에도 practice, finish, avoid, forgive, regret, postpone, consider 등이 있다.

WORDS & EXPRESSIONS

weather report 일기예보 **until** 전 ~까지 **rainy season** 장마 **just** 부 막, 바로
stop -ing ~하는 것을 멈추다 **heard** 동 hear(듣다)의 과거, 들었다 **finally** 부 마침내
under way 이미 시작된, 진행 중인 **a lot** 많이

CASE 1 단어들을 활용해 대화를 완성하세요.

A: The weather report said _____ this weekend. (rain, to, going, it's, until)
일기예보에서 이번 주말까지 비가 온대.

B: Rainy season _____. (begun, just, has)
장마가 시작됐네.

A: I wish it _____ soon! (raining, stop, would)
비가 빨리 그쳤으면 좋겠어.

B: Same here!
동감이야!

CASE 2 대화를 완성해 보세요.

A: Spring is just around the corner.

B: It's 점점 더 따뜻해지고.

A: I wish the weather would 더 따뜻해지다 soon.

B: I totally 동의하다 you.

CASE 3 다음 질문에 대한 답을 직접 해보세요.

How's the weather today?

▸ 좀 추운 거 같아.
▸ 어제보다는 나은 거 같아.
▸ 비가 올 것 같아.

CASE 1. It's going to rain until / has just begun / would stop raining
CASE 2. getting warmer and warmer / get warmer / agree with
CASE 3. It seems a bit cold. / It seems better than yesterday. / It seems to rain.

Unit 1
What do you like to do for fun?

What do you like to do for fun?

A: What do you like to do for fun?
　　취미로 뭘 하니?

B: I like to listen to music. How about you?
　　음악 듣는 거 좋아해. 너는?

TIPS

for fun은 '장난삼아', '재미로'라는 뜻으로 What do you like to do for fun?은 직역하면 "재미로 뭐 하는 걸 좋아해?"라는 의미이다. 이렇게 상대방에게 취미를 물어보는 표현으로는 What do you do during your spare time?(여가시간에 뭘 하니?), What's your hobby?(취미가 뭐야?) 등이 있다.

I like to read and watch movies.

A: I like to read and watch movies.
　　난 독서와 영화 보는 것을 좋아해.

B: Those are fun hobbies!
　　그거 재미있는 취미네!

TIPS

[like+to부정사]는 '~하는 것을 좋아하다'라는 의미로 I like to go shopping.(쇼핑하는 것을 좋아해.), I like to play soccer.(축구하는 것을 좋아해.), I like to swim.(수영하는 것을 좋아해.)처럼 자신이 좋아하는 것을 넣어서 표현하면 된다.

CONVERSATION

A: What do you like to do for fun?
B: I like to listen to music. How about you?
A: I like to read and watch movies.
B: Those are fun hobbies!

> 취미로 뭘 하니?
> 음악 듣는 거 좋아해. 너는?
> 난 독서와 영화 보는 것을 좋아해.
> 그거 재미있는 취미네!

Extension

A: What do you like to do during your spare time?
B: I really enjoy reading magazines. How about you?
A: I like to read and watch movies.
B: Those are fun hobbies!

> 여가시간에 뭐 하는 걸 좋아해?
> 잡지 읽는 것을 정말 좋아해. 너는?
> 난 독서와 영화 보는 것을 좋아해.
> 그거 재미있는 취미네!

during은 '~하는 동안'이라는 의미를 나타내는 전치사이다. 보통 during은 무슨 일이 일어난 때를 나타낼 때 쓴다. 이에 반해 for는 How long ~?에 대한 답을 나타낸다.

» I stayed in New York for a week.
나는 뉴욕에 일주일 동안 머물렀다.

WORDS & EXPRESSIONS

fun 명 재미, 취미　**listen to music** 음악을 듣다　**watch movies** 영화를 보다
hobby 명 취미　**during** 전 ~하는 동안　**spare time** 명 여가시간
magazine 명 잡지

Unit 2
What are you interested in these days?

What are you interested in these days?

A: What are you interested in these days?
너 요즘 무엇에 관심 있니?

B: I'm learning to play the piano after work.
나는 퇴근 후에 피아노를 배우고 있어.

TIPS

be interested in ~은 '~에 관심이 있다'라는 뜻으로 What are you interested in these days?는 What are you into these days?로 바꿔서 쓸 수 있다. 이에 대한 대답은 I am totally into bike riding these days.(나는 요즘 자전거 타는 것에 관심이 있어.)처럼 I am into 다음에 관심사를 넣어 대답할 수 있다.

I enjoy playing the piano very much.

A: Oh, really? Is it fun?
어, 정말? 재미있니?

B: Yes. I enjoy playing the piano very much.
응. 피아노 치는 게 매우 즐거워.

TIPS

enjoy 다음에는 일반적으로 동명사가 온다. 그리고 '악기를 연주하다'라고 할 때는 [play the+악기 이름]이라는 형태로 정관사 the가 와야 한다.

▶ I enjoy swimming. 나는 수영하는 것을 즐긴다.
▶ I enjoy playing the guitar. 나는 기타 치는 것을 즐긴다.

CONVERSATION

A: What are you interested in these days?
B: I'm learning to play the piano after work.
A: Oh, really? Is it fun?
B: Yes. I enjoy playing the piano very much.

너 요즘 무엇에 관심 있니?
나는 퇴근 후에 피아노를 배우고 있어.
어, 정말? 재미있니?
응. 피아노 치는 게 매우 즐거워.

Extension

A: What are you interested in these days?
B: I'm learning to play tennis.
A: It's my favorite sport.
B: We should play together soon!

너 요즘 무엇에 관심 있니?
테니스 치는 것을 배우고 있어.
내가 매우 좋아하는 스포츠야.
곧 같이 경기해야겠다!

'정기적으로 어떤 운동을 하다'는 뜻을 나타낼 때는 [play+운동]으로 표현하고, '악기로 음악을 연주하다'는 의미일 때는 [play the+악기]의 형태로 the를 사용해야 한다.

WORDS & EXPRESSIONS

be interested in ~에 관심이 있다   **learn** 동 배우다   **after work** 퇴근 후에
enjoy -ing ~을 즐기다   **play the piano** 피아노를 치다   **play tennis** 테니스 치다
favorite 형 매우 좋아하는

Unit 3
What's your favorite sport?

What's your favorite sport?

A: What's your favorite sport?
좋아하는 운동이 뭐니?

B: I like soccer. How about you?
축구를 좋아해. 너는?

TIPS

What's your favorite sport? 대신에 What kinds of sports do you like?나 What sports do you like? 등으로 표현해도 된다. 대답으로는 I like soccer. 대신에 My favorite sport is soccer.(내가 좋아하는 스포츠는 축구야.), Soccer is my favorite sport.(축구는 내가 좋아하는 스포츠야.) 등으로 표현할 수 있다.

How often do you play baseball?

A: I like baseball.
나는 야구를 좋아해.

B: How often do you play baseball?
얼마나 자주 야구를 하니?

TIPS

How often ~?은 '얼마나 자주 ~?'의 뜻으로 How often do you exercise?(얼마나 자주 운동하니?), How often do you eat out?(얼마나 자주 외식하니?) 등으로 사용할 수 있다. 운동 종목 앞에는 관사를 붙이지 않는다는 것을 기억하자.

▶ I like basketball. (o) / I like the basketball. (x)

CONVERSATION

A: What's your favorite sport?
B: I like soccer. How about you?
A: I like baseball.
B: How often do you play baseball?

좋아하는 운동이 뭐니?
축구를 좋아해. 너는?
나는 야구를 좋아해.
얼마나 자주 야구를 하니?

Extension

A: What's your favorite sport?
B: I like jogging.
A: Why do you like it?
B: It relieves my stress.

좋아하는 운동이 뭐니?
조깅을 좋아해.
왜 좋아하는데?
스트레스를 해소해줘.

3개 이상을 비교해서 '가장 ~한'을 나타내는 것이 최상급이다. 보통 최상급은 2음절 이하의 단어는 [the+형용사est] 형태이고, attracive처럼 3음절 이상의 단어는 [the most+형용사] 형태이다.

WORDS & EXPRESSIONS

favorite 형 매우 좋아하는   **soccer** 명 축구   **baseball** 명 야구   **how often** 얼마나 자주
relieve 동 (고통 등을) 없애주다, 안도하게 하다   **stress** 명 스트레스

Unit 4
Sam is obsessed with basketball.

Sam is obsessed with basketball.

A: Sam is obsessed with basketball.
　　Sam은 농구에 미쳐 있어.

B: I prefer baseball to basketball.
　　나는 농구보다 야구가 좋아.

TIPS

be obsessed with는 '~에 사로잡혀 있다', '~에 열광하다' 등의 의미를 가지고 있다. 이 표현은 be crazy about(~에 열광하다)을 사용해서 Sam is crazy about basketball.이라고 표현할 수 있다. prefer A to B는 'B보다 A를 더 좋아하다'라는 뜻이다.

Everyone has different tastes.

A: Sam thinks baseball is boring.
　　Sam은 야구가 지루하다고 생각해.

B: Everyone has different tastes.
　　사람마다 취향이 다르니까.

TIPS

Everyone has different tastes.는 "사람의 취향은 다르다."라는 의미로 tastes 대신에 preferences를 써서 Everyone has different preferences.라고 표현해도 된다. Different strokes for different folks.도 "사람마다 각각 취향이 다르다."라는 의미이다. boring은 '지루한', '재미없는'이란 뜻이며, 반대되는 의미로는 interesting, exciting 등이 있다.

CONVERSATION

A: Sam is obsessed with basketball.
B: I prefer baseball to basketball.
A: Sam thinks baseball is boring.
B: Everyone has different tastes.

Sam은 농구에 미쳐 있어.
나는 농구보다 야구가 좋아.
Sam은 야구가 지루하다고 생각해.
사람마다 취향이 다르니까.

Extension

A: Sam is crazy about rock music.
B: I prefer classical music to rock music.
A: Sam thinks classical music is boring.
B: Everyone has different preferences.

Sam은 록 음악에 미쳐 있어.
나는 록 음악보다 고전음악이 좋아.
Sam은 고전음악은 지루하다고 생각해.
사람마다 취향이 다르니까.

prefer를 이용해서 비교를 나타낼 때는 비교 대상에 than이 아닌 to를 사용해서 표현한다. [prefer A to B]는 'B보다 A를 더 좋아하다'라는 뜻이다.

WORDS & EXPRESSIONS

obsess 동 사로잡다, ~에 집착하게 하다   **be obsessed with** ~에 미쳐 있다
basketball 명 농구   **boring** 형 지루한   **different** 형 다른   **taste** 명 기호, 취향
crazy 형 미친, ~에 열광하는   **be crazy about** ~에 열광하다   **rock music** 록 음악
classical music 고전음악   **preference** 명 선호(도)

CASE 1 단어들을 활용해 대화를 완성하세요.

A: Sam _____. (rock, crazy, about, is, music)
Sam은 록 음악에 미쳐 있어.

B: I _____ rock music.
(music, classical, prefer, to)
나는 록 음악보다 고전음악이 좋아.

A: Sam thinks classical music is boring.
Sam은 고전음악은 지루하다고 생각해.

B: Everyone _____.
(preferences, different, has)
사람마다 취향이 다르니까.

CASE 2 대화를 완성해 보세요.

A: What are you 관심 있어 these days?

B: I'm learning 테니스 치는 것.

A: It's 내가 좋아하는 스포츠.

B: We should play together soon!

CASE 3 다음 질문에 대한 답을 직접 해보세요.

What do you like to do for fun?

▸ 음악 듣는 것을 좋아해.
▸ 난 독서와 영화 보는 것을 좋아해.
▸ 음악회에 가는 것을 좋아해.

CASE 1. is crazy about rock music / prefer classical music to / has different preferences
CASE 2. interested in / to play tennis / my favorite sport
CASE 3. I like to listen to music. / I like to read and watch movies. / I like to go to concerts.

Chapter 17
교통

Unit 1
How do you go to work?

Unit 2
I'm on the bus.

Unit 3
Where to, sir?

Unit 4
The buses aren't running right now.

Unit 1
How do you go to work?

How do you go to work?

A: How do you go to work?
출근 어떻게 하니?

B: By subway. How about you?
지하철로. 너는?

TIPS

How do you go to work?에 대한 대답은 By subway. 이외에 다음과 같이 할 수 있다.

- Usually by subway, but sometimes by bus.   보통 지하철로 가는데 가끔 버스를 이용한다.
- I go to work by subway.   지하철을 타고 출근한다.
- I drive to work.   차로 출근한다.

Isn't there a lot of traffic?

A: I usually take a bus.
나는 보통 버스를 타고 가.

B: Isn't there a lot of traffic?
차가 많이 막히지 않니?

TIPS

traffic은 불가산 명사로 '(차·배·사람 등의) 교통(량)'을 말한다. 우리가 흔히 '교통 체증에 걸리다'라고 할 때는 get caught in a traffic jam이라고 표현한다. traffic jam 대신에 heavy traffic(교통 체증)을 이용해서 get caught in heavy traffic이라고 할 수도 있다.

- We got caught in heavy traffic on our way home.   집에 오는데 교통 체증에 걸렸다.

CONVERSATION

A: How do you go to work?
B: By subway. How about you?
A: I usually take a bus.
B: Isn't there a lot of traffic?

출근 어떻게 하니?
지하철로. 너는?
나는 보통 버스를 타고 가.
차가 많이 막히지 않니?

Extension

A: How do you go to work?
B: I drive to work. How about you?
A: I go to work by subway. It's quick and comfortable.
B: Plus, it's very cheap and clean.

출근 어떻게 하니?
운전해서 가. 너는?
나는 지하철을 타고 가. 빠르고 편해.
게다가 싸고 깨끗하지.

[by+교통수단] 형태를 쓰면 '~을 타고'
라는 의미가 된다.
» by car 차를 타고
  by taxi 택시를 타고
  by bike 자전거를 타고
  cf. on foot 걸어서

WORDS & EXPRESSIONS

subway 명 지하철　**usually** 부 대게, 보통　**take** 동 (도로·교통수단 등을) 타다
traffic 명 교통(량), 차량들　**quick** 형 빠른　**comfortable** 형 편안한
cheap 형 싼　**clean** 형 깨끗한

Unit 2
I'm on the bus.

I'm on the bus.

A: Where are you calling from, Chris?
Chris, 어디에서 전화하니?

B: I'm on the bus.
버스에 타고 있어.

TIPS

be on the bus는 '버스에 타고 있다'라는 의미로 '버스를 타고 이동 중이다'라는 뜻을 담고 있다. Where are you calling from?은 "어디에서 전화를 하고 있니?"라는 의미이고, Who are you calling?은 "누구한테 전화하니?"라는 뜻이다.

I'm going to get off soon.

A: When will you get off?
언제 내려?

B: I'm going to get off soon.
곧 내릴 거야.

TIPS

보통 버스나 기차, 비행기처럼 위에 올라타는 느낌을 가진 교통수단의 경우, 타고 내릴 때 get on과 get off를 쓰지만 승용차, 택시나 지하철처럼 안으로 들어가는 느낌의 교통수단은 get in(to)이나 get out of를 쓴다. 참고로 '(자동차 · 배 등에서) 내리다'라는 의미로 step off라는 표현을 쓴다는 것도 알아두자.

CONVERSATION

A: Where are you calling from, Chris?
B: I'm on the bus.
A: When will you get off?
B: I'm going to get off soon.

Chris, 어디에서 전화하니?
버스에 타고 있어.
언제 내려?
곧 내릴 거야.

Extension

A: I'm on the train.
B: When are you getting off?
A: At the next stop.
B: I will get off in a few more stops.

기차 타고 있어.
언제 내릴 거야?
다음 정류장.
난 몇 정거장 더 가서 내릴 거야.

'탈것을 타다'라는 의미에는 ride, take, get on, get in(to), board가 있다.
» 말을 타다 ride (on) a horse
» 말에 올라타다 get on a horse
» 택시를 타다 take[get] a taxi
» 택시에 올라타다 get into a taxi
» 배를 타다 take a ship
» 배에 올라타다 board a ship
» 비행기를 타다 board a plane
» 기차를 타다 take a train

WORDS & EXPRESSIONS

call 통 전화하다   **get off** (버스 등에서) 내리다   **soon** 부 곧, 머지않아
stop 명 정류소, 정거장   **a few** 조금, 몇

Unit 3
Where to, sir?

Where to, sir?

A: Good morning. Where to, sir?
좋은 아침입니다. 손님, 어디로 모실까요?

B: Please take me to the Pacific hotel.
퍼시픽 호텔로 가주세요.

TIPS

Where to?는 택시를 타면 기사 아저씨가 손님에게 "어디 가세요?"라고 물을 때 사용하는 표현으로 Where would you like to go?를 줄여서 쓴 표현이다. 어디로 데려다 달라는 대답은 [take 사람 to+장소] 형식으로 하면 된다.

Please drop me off at the main entrance.

A: Here we are, sir. Where should I let you out?
손님, 다 왔습니다. 어디에 내려 드릴까요?

B: Please drop me off at the main entrance.
정문에 내려주세요.

TIPS

[drop+사람+off]는 '차에서 사람을 내려주다'라는 의미이다. Here we are.는 "목적지에 도착했어요."는 의미와 "(찾던 것이) 여기 있어요."라는 뜻이 있다.

CONVERSATION

A: Good morning. Where to, sir?
B: Please take me to the Pacific hotel.
A: Here we are, sir. Where should I let you out?
B: Please drop me off at the main entrance.

좋은 아침입니다. 손님, 어디로 모실까요?
퍼시픽 호텔로 가주세요.
손님, 다 왔습니다. 어디에 내려 드릴까요?
정문에 내려주세요.

Extension

A: Good morning. Where would you like to go, sir?
B: Could you take me to the Trade Center?
A: Here we are, sir. Where should I let you out?
B: Please drop me off at the corner.

좋은 아침입니다. 어디로 모실까요?
무역센터로 가주시겠어요?
손님, 다 왔습니다. 어디에서 내려 드릴까요?
코너에서 내려주세요.

WORDS & EXPRESSIONS

sir 몡 (상점·식당 등에서) 모르는 남자에 대한 경칭   **take** 통 데리고 가다   **let** 통 ~하게 해주다
drop A off A를 내려주다   **entrance** 몡 입구   **main entrance** 정문
at the corner 코너에, 모퉁이에

Unit 4
The buses aren't running right now.

The buses aren't running right now.

A: The buses aren't running right now.
버스가 지금 운행하지 않고 있어.

B: How will you get home?
집에 어떻게 갈 거야?

TIPS

동사 run은 여러 가지 의미가 있지만 여기서는 버스·기차 등이 '운행하다', '다니다'라는 뜻이다.

▶ The subway doesn't run after midnight. 지하철은 자정 이후 운행하지 않는다.
▶ This bus runs from the City Hall to the airport. 이 버스는 시청에서 공항까지 운행한다.

Let's share one!

A: I'm going to take a taxi.
난 택시 타고 갈 거야.

B: Let's share one!
같이 타고 가자!

TIPS

동사 share는 무엇을 다른 사람과 '함께 쓰다', '공유하다', '나누다' 등의 뜻이 있으며, one은 대명사로 여기서는 a taxi를 의미한다. take a taxi는 '택시를 타다'라는 의미로 take 이외에 get을 이용해서 표현해도 된다.

CONVERSATION

A: The buses aren't running right now.
B: How will you get home?
A: I'm going to take a taxi.
B: Let's share one!

> 버스가 지금 운행하지 않고 있어.
> 집에 어떻게 갈 거야?
> 난 택시 타고 갈 거야.
> 같이 타고 가자!

Extension

A: The subway doesn't run after midnight.
B: So what will you do?
A: I will take a cab. How about you?
B: John will give me a ride.

> 자정이 지나면 지하철이 운행하지 않아.
> 그럼 넌 어떻게 할 거야?
> 난 택시를 탈 거야. 너는?
> John이 태워줄 거야.

WORDS & EXPRESSIONS

bus 명 버스   **run** 동 운행하다   **right now** 지금 당장   **get home** 집에 가다
take a taxi 택시를 타다(= take a cab)   **share** 동 함께 쓰다   **subway** 명 지하철
midnight 명 자정   **cab** 명 택시   **give a ride** 태우다

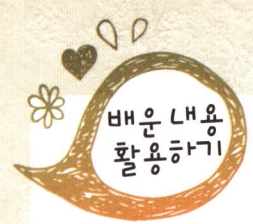

CASE 1 단어들을 활용해 대화를 완성하세요.

A: The subway _____.
(doesn't, after, run, midnight)
자정이 지나면 지하철이 운행하지 않아.

B: So _____? (what, you, will, do)
그럼 넌 어떻게 할 거야?

A: I will take a cab. How about you?
난 택시를 탈 거야. 너는?

B: John will _____. (a, me, give, ride)
John이 태워줄 거야.

CASE 2 대화를 완성해 보세요.

A: I'm 기차에.

B: When are you 내리는?

A: At the next stop.

B: I will get off 몇 정거장 더 가서.

CASE 3 다음 말에 적절한 응답을 직접 해보세요.

How will you get home?

▸ 운전해서 갈 거야.
▸ 지하철을 타고 갈 거야.
▸ 택시를 타고 갈 거야.

CASE 1. doesn't run after midnight / what will you do / give me a ride
CASE 2. on the train / getting off / in a few more stops
CASE 3. I'm going to drive. / I will take the subway. / I will take a taxi.

Chapter 18
전화/통화

Unit 1
I'm on the phone.

Unit 2
I've gotta go soon.

Unit 3
There is no one by that name.

Unit 4
Who's calling, please?

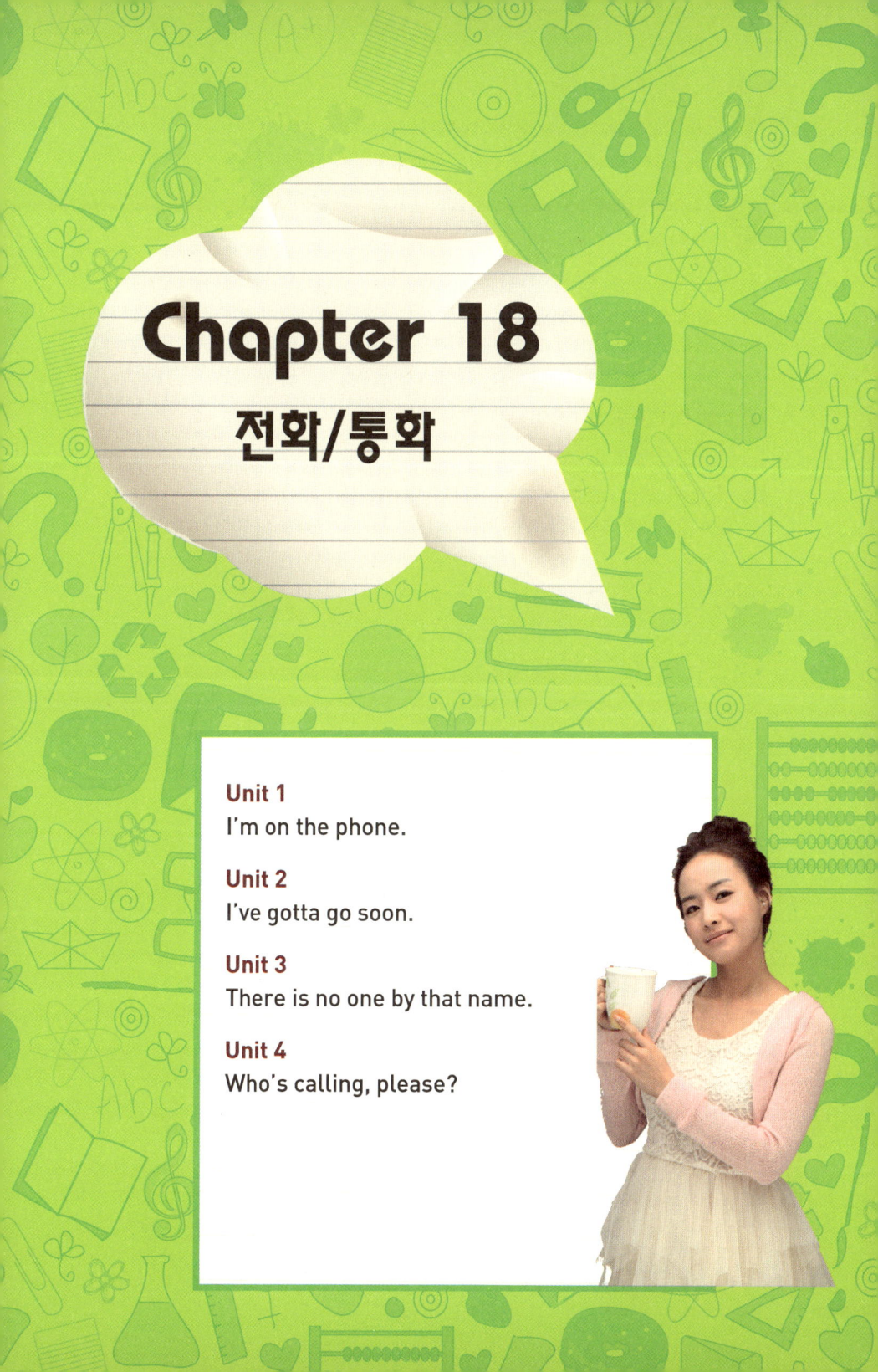

Unit 1
I'm on the phone.

I'm on the phone.

A: I'm on the phone.
나 통화 중이야.

B: How long have you been on the phone for?
얼마 동안 전화 통화하고 있는 거야?

TIPS

be on the phone은 '전화를 받고 있다'는 의미이며 비슷한 표현인 talk on the phone은 '전화로 얘기하다'라는 뜻이다.

- ▶ I'm talking on the phone.   나는 통화 중이다.
- ▶ You're wanted on the phone.   너에게 전화가 왔다.
- ▶ He's on the phone with my brother.   그는 동생과 통화 중이다.

Make it short!

A: My friend called me a few minutes ago.
내 친구가 몇 분 전에 전화했어.

B: Make it short!
전화 간단히 해!

TIPS

Make it short.은 "용건만 간단히 해."라는 의미로 Please hang up soon.(빨리 좀 끊어라.)이라고 표현해도 된다. 그리고 cut it short를 써서 We'd better cut it short.(용건만 간단히 얘기할게.) 라고 표현할 수도 있다.

CONVERSATION

A: I'm on the phone.

B: How long have you been on the phone for?

A: My friend called me a few minutes ago.

B: Make it short!

나 통화 중이야.
얼마 동안 전화 통화하고 있는 거야?
내 친구가 몇 분 전에 전화했어.
전화 간단히 해!

Extension

A: I'm on the phone with my sister.

B: How long have you been talking for?

A: We started talking an hour ago.

B: You should hang up soon!

내 여동생이랑 통화 중이야.
얼마 동안 얘기하고 있는 거야?
1시간 전에 통화 시작했어.
너 빨리 끊어야겠다!

※ 전화번호 읽는 방법

전화번호를 읽을 때는 전화번호를 하나씩 말하면 된다. 특히, 같은 숫자가 연속되는 경우에는 double을 사용해서 말하는 것이 편리하다.

» 010-2722-0588 (oh, one, oh, two, seven, double two, oh, five, double eight)

WORDS & EXPRESSIONS

| **be on the phone** 통화 중이다 | **call** 동 전화하다 | **start -ing** ~하기 시작하다 |
| **hour** 명 시간 | **ago** 부 전에 | **should** 조 ~해야 하다 | **hang up** 전화를 끊다 |

Unit 2
I've gotta go soon.

I've gotta go soon.

A: I've gotta go soon.
나 곧 끊어야겠다.

B: What happened?
무슨 일인데?

TIPS

I've gotta go.는 전화 통화를 하다가 "끊어야겠어."라는 의미로 하는 말이다. 이렇게 상대방하고 전화 통화를 마치려고 할 때에는 I have to hang up.(전화 끊어야겠어.), I will call you later.(나중에 전화 할게.) 등으로 표현할 수 있다.

Someone is on the other line.

A: Someone is on the other line.
다른 전화가 오고 있어.

B: OK! Call me back then.
좋아! 그럼 다시 전화해줘.

TIPS

상대방과 전화를 하는 중에 다른 전화가 걸려오면 Someone is on the other line.(누가 전화를 하고 있어.)이라고 표현한다.

▶ There is someone on the other line. 다른 전화가 오고 있다.
▶ I think I have another call coming through. 누가 내게 전화 하는 것 같다.

198 라이 나의 All About Speaking

CONVERSATION

A: I've gotta go soon.
B: What happened?
A: Someone is on the other line.
B: OK! Call me back then.

나 곧 끊어야겠다.
무슨 일인데?
다른 전화가 오고 있어.
좋아! 그럼 다시 전화해줘.

Extension

A: I have to hang up in a minute.
B: Are you busy?
A: I think I have another call coming through.
B: That's fine. Call me later.

바로 끊어야 해.
바빠?
다른 전화가 걸려오는 것 같아.
알았어. 나중에 전화해줘.

전화를 걸었는데 전화 상대자가 다른 전화를 받고 있었을 때 "기다릴까요? 아니면 끊을까요?"라고 물어보고 싶다면 Shall I hold on or hang up?이라고 하면 된다. '전화를 끊다'는 hang up이고, '전화를 들고 기다리다'는 hold on이다. 참고로 '상대방이 이야기 중에 전화를 끊다'는 [hang up on+somebody]이다.

WORDS & EXPRESSIONS

hang up 전화를 끊다 **soon** 뷔 곧, 머지않아 **other** 혱 다른
line 몡 전화선, (특정 번호의) 전화 **busy** 혱 바쁜 **another** 혱 또 다른 **call** 몡 전화 (통화)
come through 들어오다 **later** 뷔 나중에

Unit 3
There is no one by that name.

There is no one by that name.

A: Can I speak to Mr. James?
James 씨와 통화할 수 있나요?

B: There is no one by that name.
그런 이름을 가진 사람이 없는데요.

TIPS

There is no one by that name.(그런 이름을 가진 사람이 없어요.) 대신에 There is no one by the name of James.(James라는 사람은 없는데요.)라고 표현할 수도 있다.

I think you dialed the wrong number.

A: Is this 2225-2288?
거기 2225-2288 아닙니까?

B: I think you dialed the wrong number.
전화 잘못하신 거 같은데요.

TIPS

I think you dialed the wrong number.는 "전화 잘못 걸었습니다."라는 뜻으로 이와 유사한 표현으로는 I'm afraid you have the wrong number.나 I think you've got the wrong number. 등이 있다. 전화에서 this는 사람뿐만 아니라 장소도 의미하며, 이때 '거기'라는 뜻이다.

▶ Hello, this is Jane speaking. 여보세요. Jane입니다.
▶ Is this JS company? 거기 JS 회사입니까?

CONVERSATION

A: Can I speak to Mr. James?
B: There is no one by that name.
A: Is this 2225-2288?
B: I think you dialed the wrong number.

James 씨와 통화할 수 있나요?
그런 이름을 가진 사람이 없는데요.
거기 2225-2288 아닙니까?
전화 잘못하신 거 같은데요.

Extension

A: Is this JS company?
B: I'm afraid you have the wrong number.
A: I'm sorry.
B: That's OK.

거기 JS 회사인가요?
유감이지만 전화 잘못하셨어요.
죄송해요.
괜찮아요.

WORDS & EXPRESSIONS

speak to ~와 이야기를 하다　**dial** 동 전화하다　**wrong** 형 잘못된, 틀린
number 명 번호　**afraid** 형 유감인

Unit 4
Who's calling, please?

Who's calling, please?

A: May I speak to Michelle?
　Michelle하고 통화할 수 있어요?

B: Who's calling, please?
　누구세요?

TIPS

전화를 건 사람에게 "누구세요?"라고 물을 때에는 Who's calling, please?라고 한다. 좀 더 격식을 차려 Can I ask who's calling, please?라고 하거나 간단하게 Who's calling?이나 Who is this?로 표현할 수 있다. 전화에서는 Who are you?라고 묻지 않는다는 것을 명심하자.

Would you hold on for a second?

A: This is Jonathan speaking.
　Jonathan입니다.

B: Would you hold on for a second?
　잠시만 기다려주시겠어요?

TIPS

전화 통화에서는 자신의 신분을 밝힐 때 I am Tom.이 아닌 This is Tom.이라고 해야 한다. 영어로 전화 통화하는 것이 초보자는 쉽지 않으므로 많은 연습이 필요하다. hold on은 '잠시 기다리다'라는 뜻으로 간단히 Hold on, please!나 Just a second!이라고 해도 무방하다.

CONVERSATION

A: May I speak to Michelle?
B: Who's calling, please?
A: This is Jonathan speaking.
B: Would you hold on for a second?

> Michelle하고 통화할 수 있어요?
> 누구세요?
> Jonathan입니다.
> 잠시만 기다려주시겠어요?

Extension

A: May I speak to Michael, please?
B: Can I ask who's calling, please?
A: This is Kate.
B: Just a second, please.

> Michael하고 통화할 수 있어요?
> 누구세요?
> Kate입니다.
> 잠시만 기다리세요.

WORDS & EXPRESSIONS

speak to ~와 이야기하다   **hold on** [비격식] (전화상으로 상대방에게 하는 말로) 기다려라
just a second [비격식] 잠깐만 (기다려라)

CASE 1 단어들을 활용해 대화를 완성하세요.

A: _____ Mr. James? (can, speak, I, to)
James 씨와 통화할 수 있나요?

B: There is _____. (that, one, no, by, name)
그런 이름을 가진 사람이 없는데요.

A: Is this 2225-2288?
거기 2225-2288 아닙니까?

B: I think you _____.
(wrong, the, dialed, number)
전화 잘못하신 거 같은데요.

CASE 2 대화를 완성해 보세요.

A: I'm 통화 중인 with my sister.

B: 얼마 동안 have you been talking for?

A: We started talking 1시간 전에.

B: You 끊어야 한다 soon!

CASE 3 다음 질문에 대한 답을 직접 해보세요.

Can I speak to Michael, please?

▸ 잠시만 기다리세요.
▸ 나는 아버지인데. 누구니?
▸ 그런 이름을 가진 사람이 없는데요.

CASE 1. Can I speak to / no one by that name / dialed the wrong number
CASE 2. on the phone / How long / an hour ago / should hang up
CASE 3. Hold on, please. / This is his father. Who's calling, please? / There is no one by that name.

★ 틀리기 쉬운 발음

Are you an amateur?

외국인에게 위의 질문을 하면 잘 못 알아듣는 경우가 있다. 그것은 바로 amateur라는 발음 때문이다. 우리나라 사람이 자주 틀리게 발음을 하는 단어들은 대부분 우리나라에 외래어로 들어와서 우리 입에 잘못된 발음으로 굳어져 버린 경우가 많다.
amateur도 우리가 '아마추어'라고 우리말로도 사용하고 있기 때문에 영어로 발음할 때 그런 습관이 나타난다. 실제로 amateur의 발음은 [ǽmətʃùər]로 [애머철]에 가깝다. 이외에도 외래어로 많이 쓰는 단어들을 살펴보자.

accessory	액세서리	➜	[əksésəri] (익쎄써뤼)
comedy	코메디	➜	[kámədi] (카머리)
massage	마사지	➜	[məsá:ʒ] (머싸쥐)
project	프로젝트	➜	[prádʒekt] (프롸젝트)
veteran	베테랑	➜	[vétərən] (베러런)
animation	애니메이션	➜	[ænəméiʃən] (애너메이션)
banana	바나나	➜	[bənǽnə] (버내너)
calcium	칼슘	➜	[kǽlsiəm] (캘씨음)
catalog	카탈로그	➜	[kǽtəlɔ̀:g] (캐럴록)

★ 연습하기

이제 발음에 유의해서 직접 말해보자.

accessory
comedy
massage
project
veteran
animation
banana
calcium
catalog

PART 5

Chapter 19　병
Chapter 20　기분
Chapter 21　스포츠
Chapter 22　결혼/데이트/이성
네이티브처럼 말하기

Chapter 19
병

Unit 1
I feel sick.

Unit 2
I think I caught a cold.

Unit 3
I have high blood pressure.

Unit 4
I feel pain in my stomach.

Unit 1
I feel sick.

I feel sick.

A: I feel sick.
나 아파.

B: What's wrong?
어디가 아파?

TIPS

ill이나 sick이 be동사 뒤에 오는 경우에는 모두 건강이 좋지 않거나 병에 걸렸다는 것을 의미한다. 영국에서 sick은 흔히 '메스꺼움'이란 뜻으로 쓴다. sick을 사용한 다양한 표현을 알아보자.

▶ a sick child 아픈 아이 / the sick 환자들 / be sick in bed 아파서 누워 있다
  call in sick 전화로 병가를 내다

You should go see a doctor.

A: I feel nauseous and dizzy.
메스껍고 어지러워.

B: You should go see a doctor.
병원에 가서 진찰받아봐.

TIPS

의사에게 진료를 받으러 병원에 가는 것을 go see a doctor 또는 see a doctor라고 표현한다. go see a doctor 대신 go and see a doctor 또는 go to see a doctor라고도 표현할 수 있는데 go see a doctor를 일반적으로 많이 사용한다. 이외에 go to the hospital은 '병원에 가다'라는 뜻이다.

CONVERSATION

A: I feel sick.

B: What's wrong?

A: I feel nauseous and dizzy.

B: You should go see a doctor.

나 아파.
어디가 아파?
메스껍고 어지러워.
병원에 가서 진찰받아봐.

Extension

A: I don't feel well.
B: Why?
A: I've been throwing up a few times today.
B: I think you should go to the hospital.

몸이 좋지 않아.
왜?
오늘 여러 번 토했어.
너 병원에 가봐야 할 것 같아.

'토하다'라는 의미로 throw up을 사용했는데, 보통 과음이나 과식 또는 몸이 아파서 토하는 경우에 사용한다. 영국에서는 이런 경우 be sick을 자주 쓰고, 격식을 갖춘 자리이거나 의학적으로는 vomit를 쓴다. 미국에서는 속어로 barf를 쓰기도 한다.

WORDS & EXPRESSIONS

sick 형 아픈　　**nauseous** 형 메스꺼운　　**dizzy** 형 어지러운
go see a doctor 의사의 진찰을 받다　　**throw up** 토하다
go to the hospital 병원에 가다

Unit 2
I think I caught a cold.

I think I caught a cold.

A: I think I caught a cold.
나 감기에 걸린 거 같아.

B: I'm sorry to hear that.
안됐다.

TIPS

catch a cold는 '감기에 걸리다'라는 의미로 have a cold나 get a cold 등으로 표현할 수 있으며 come down with a cold도 '감기에 걸리다'라는 의미이다. I'm sorry to ~는 '~해서 안됐다'라는 의미로 I'm sorry to hear that.은 "감기에 걸렸다니 안됐다."라는 뜻이다.

Did you take some medicine?

A: I have been coughing so much.
기침을 아주 많이 하고 있어.

B: Did you take some medicine?
약 먹었어?

TIPS

동사 take는 여러 가지 의미를 가지고 있는데 그중에 '먹다', '마시다', '(약을) 복용하다' 등의 뜻이 있다. so much는 부사로 '매우 많이'라는 의미인데 a lot으로 바꿔 쓸 수 있다.

CONVERSATION

A: I think I caught a cold.
B: I'm sorry to hear that.
A: I have been coughing so much.
B: Did you take some medicine?

나 감기에 걸린 거 같아.
안됐다.
기침을 아주 많이 하고 있어.
약 먹었어?

Extension

A: I feel like I'm coming down with a cold.
B: Be careful!
A: I have a slight fever, too.
B: You should take some medicine.

나 감기에 걸릴 것 같아.
조심해!
미열도 조금 있어.
너 약을 먹어야 해.

'미열이 있다'는 have a slight fever 나 have a little fever라고 한다. 반대로 '고열이 있다'는 have a high fever 이다. 이외에도 감기 증상으로는 have a runny nose(콧물이 흐르다), have a sore throat(목이 아프다) 등이 있다.

WORDS & EXPRESSIONS

catch a cold 감기에 걸리다(= come down with a cold)   **sorry** 형 안된, 안쓰러운
cough 동 기침하다   **medicine** 명 약, 약물   **take medicine** 약을 먹다
feel like ~할 것 같다   **slight** 형 조금의, 약간의   **fever** 명 열

Unit 3
I have high blood pressure.

I have high blood pressure.

A: I have high blood pressure.
난 고혈압이 있어.

B: Are you on medication?
약 먹고 있어?

TIPS

아픈 증상을 얘기할 때 have를 이용하여 have a headache(두통이 있다), have a fever(열이 있다), have a toothache(치통이 있다), have a cold(감기에 걸리다), have a runny nose(콧물이 나다), have a migraine(편두통이 있다) 등으로 표현할 수 있다. 전치사 on이 '(약 등을) 먹는', '복용하는'이라는 뜻이 있다는 것도 알아두자.

I have to take medicine every day.

A: Yes, I have to take medicine every day.
응, 매일 먹어야 해.

B: You should watch what you eat.
넌 먹는 것을 조심해야 해.

TIPS

[have to+동사원형]은 '~해야 하다'라는 의미로 must와 같은 의미를 가지고 있다. 동사 watch는 '보다', '지켜보다'라는 뜻 이외에 '조심하다'라는 뜻도 있다.

▶ Watch your step!   계단 조심해!
▶ Watch your mouth!   입 조심해!

CONVERSATION

A: I have high blood pressure.
B: Are you on medication?
A: Yes, I have to take medicine every day.
B: You should watch what you eat.

> 난 고혈압이 있어.
> 약 먹고 있어?
> 응, 매일 먹어야 해.
> 넌 먹는 것에 조심해야 해.

Extension

A: I have diabetes.
B: Do you have to take medicine?
A: Yes, I have to take insulin shots also.
B: Don't forget to take your medicine and insulin shots.

> 난 당뇨병이 있어.
> 약을 먹어야 해?
> 응, 나 인슐린 주사도 맞아야 해.
> 약 먹는 거랑 인슐린 주사 맞는 거 잊지 마.

WORDS & EXPRESSIONS

high blood pressure 고혈압   **on** 전 ~을 먹는[복용하는]   **medication** 명 약, 약물
take medicine 약을 먹다   **every day** 매일   **watch** 동 [비격식] 조심하다
diabetes 명 당뇨병   **insulin** 명 인슐린   **shot** 명 주사 (한 대)   **forget** 동 잊다

Unit 4
I feel pain in my stomach.

I feel pain in my stomach.

A: I feel pain in my stomach.
배가 아파.

B: When did you start feeling the pain?
언제부터 아프기 시작했어?

TIPS

pain은 '(육체적) 아픔', '통증', '고통'을 나타내며, in my stomach은 아픈 곳이 '배'라는 것을 의미한다. 이 밖에 우리 신체의 여러 부분에서 아픈 곳을 표현하는 방법을 알아보자.

- I have a pain in my back. 허리에 통증이 있다.
- I have a pain in my chest. 가슴에 통증이 있다.
- I have a pain in my knee. 무릎에 통증이 있다.
- I have a pain in my leg. 다리에 통증이 있다.

I've been feeling it after dinner.

A: I've been feeling it after dinner.
저녁 먹은 후부터 아팠어.

B: It sounds serious.
심각하게 들리는데.

TIPS

[have+p.p.+-ing]은 과거의 한 시점에서 현재까지 동작이나 상태가 계속해서 진행되는 것을 의미한다.

- I have been learning English since last year. 작년부터 나는 영어공부를 계속 하고 있는 중이다.

CONVERSATION

A: I feel pain in my stomach.

B: When did you start feeling the pain?

A: I've been feeling it after dinner.

B: It sounds serious.

배가 아파.
언제부터 아프기 시작했어?
저녁 먹은 후부터 아팠어.
심각하게 들리는데.

Extension

A: I have a pain in my back.

B: How long has it lasted?

A: I've been feeling it since yesterday.

B: It sounds serious.

허리에 통증이 있어.
얼마 동안 아팠어?
어제부터 아팠어.
심각하게 들리는데.

WORDS & EXPRESSIONS

pain 몡 고통　　**stomach** 몡 배　　**start -ing** ~하기 시작하다
after dinner 저녁 식사 후에　　**serious** 휑 심각한　　**back** 몡 허리
last 동 지속하다, 계속하다　　**since** 젠 ~부터[이후]

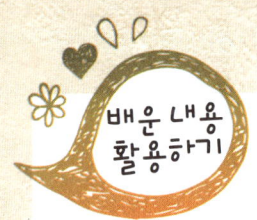

CASE 1 단어들을 활용해 대화를 완성하세요.

A: I think I _____. (a, caught, cold)
나 감기에 걸린 거 같아.

B: I'm sorry to hear that.
안됐다.

A: I have _____! (so, coughing, been, much)
기침을 아주 많이 하고 있어.

B: Did you _____? (medicine, take, some)
약 먹었어?

CASE 2 대화를 완성해 보세요.

A: I have 고혈압.

B: Are you on medication?

A: Yes. I 약을 먹어야 한다 every day.

B: You should watch 네가 먹는 것.

CASE 3 다음 친구의 말에 적절한 답을 해보세요.

I don't feel well.

▸ 어디가 아파?
▸ 약 먹었어?
▸ 너 감기 걸리려는 것 같아.

CASE 1. caught a cold / been coughing so much / take some medicine
CASE 2. high blood pressure / have to take medicine / what you eat
CASE 3. What's wrong? / Did you take some medicine? / I think you're coming down with a cold.

Chapter 20
기분

Unit 1
How do you feel today?

Unit 2
Why do you look so gloomy?

Unit 3
What's the matter with you?

Unit 4
I feel like I'm on cloud nine!

Unit 1
How do you feel today?

How do you feel today?

A: How do you feel today?
오늘 기분 어때?

B: I'm feeling quite depressed.
아주 기분이 암울해.

TIPS

"기분이 어때?", "상태가 어때?"를 뜻하는 표현으로 How do you feel today?와 How are you feeling today?가 있다. depressed는 '우울한'이란 뜻이며, 이외에 다양한 단어를 이용하여 기분 상태를 표현할 수 있다.

▶ pleased 기쁜 / embarrassed 당황한 / discouraged 낙담한 / good 좋은 / well 좋은 / sad 슬픈

What's wrong with you?

A: What's wrong with you?
무슨 일 있어?

B: I left my bag on the subway.
가방을 지하철에 두고 내렸어.

TIPS

"무슨 일 있어?"는 What's wrong with you? 이외에 What's going on with you?나 What's the matter with you? 또는 Anything wrong? 등으로 표현할 수 있다.

CONVERSATION

A: How do you feel today?
B: I'm feeling quite depressed.
A: What's wrong with you?
B: I left my bag on the subway.

오늘 기분 어때?
아주 기분이 암울해.
무슨 일 있어?
가방을 지하철에 두고 내렸어.

Extension

A: How are you feeling?
B: Not so good.
A: What's the matter with you?
B: I lost my purse yesterday.

기분 어때?
좋지 않아.
무슨 일 있어?
어제 지갑을 잃어버렸어.

WORDS & EXPRESSIONS

quite 튄 아주, 무척   **depressed** 휑 우울한, 암울한   **wrong** 휑 잘못된   **bag** 명 가방
left 동 leave(~을 두고 오다)의 과거형, ~을 두고 왔다   **matter** 명 일, 문제
lost 동 lose(잃어버리다)의 과거형, 잃어버렸다   **purse** 명 (여성용의 작은) 지갑

Unit 2
Why do you look so gloomy?

Why do you look so gloomy?

A: Why do you look so gloomy?
왜 그렇게 우울해 보이니?

B: I broke up with my girlfriend.
여자친구와 헤어졌어.

TIPS

Why do you look so gloomy?에서 gloomy 대신 다른 단어를 사용해서 다양한 기분을 표현할 수 있다.

- Why do you look so upset? 왜 그렇게 화나 보이니?
- Why do you look so blue? 왜 그렇게 우울해 보이니?
- Why do you look so happy? 왜 그렇게 즐거워 보이니?

Let's go out for a change.

A: I'm sorry to hear that. Let's go out for a change.
그것 참 안됐다. 기분 전환 하러 나가자.

B: That's a good idea.
좋은 생각이야.

TIPS

[Let's go out for+명사]는 '~하러 나가자'라는 뜻으로 for 다음에 나가는 목적을 나타내는 단어가 오면 된다. Let's ~. 대신에 Shall we ~?를 사용해서 Shall we go out for a change?라고 해도 된다.

- Let's go out for fresh air. 신선한 공기 쐬러 나가자.

CONVERSATION

A: Why do you look so gloomy?
B: I broke up with my girlfriend.
A: I'm sorry to hear that. Let's go out for a change.
B: That's a good idea.

왜 그렇게 우울해 보이니?
여자친구와 헤어졌어.
그것 참 안됐다. 기분 전환 하러 나가자.
좋은 생각이야.

Extension

A: Why do you look so stressed?
B: I screwed up the job interview.
A: I'm sorry to hear that. Let's go out for a drink.
B: That's a good idea.

왜 그렇게 힘들어 보이니?
면접시험을 망쳤어.
그것 참 안됐다. 술 한잔하러 나가자.
좋은 생각이야.

I'm sorry to hear that.에서 감정을 나타내는 sorry의 원인이 to hear이다. 이처럼 감정의 원인을 말할 때 to부정사를 사용한다.
» I'm happy to see you.
  너를 봐서 행복하다.

WORDS & EXPRESSIONS

so 튀 무척   **gloomy** 혱 우울한   **break up** 헤어지다   **girlfriend** 명 여자친구
go out 나가다, 외출하다   **change** 명 변화, 기분 전환   **stressed** 혱 스트레스를 받는
screw up 망치다   **job** 명 일, 직업   **interview** 명 인터뷰, 면접   **drink** 명 한 잔

Unit 3
What's the matter with you?

What's the matter with you?

A: You look so worried. What's the matter with you?
무척 걱정이 있어 보인다. 무슨 일이니?

B: I have a job interview tomorrow.
내일 면접시험이 있어.

TIPS
What's the matter with you?(무슨 고민이 있니?) 이외에 비슷한 의미인 What's eating you? 또는 What's bothering you?라는 표현들도 알아두자.

Hey, relax!

A: Hey, relax! Everything will be OK.
이봐, 진정해! 다 잘 될 거야.

B: Thanks.
고마워.

TIPS
Relax!(진정해!)와 비슷한 표현으로 Take it easy.(진정해.)나 Don't worry.(걱정하지 마.) 등이 있다. 위에서 사용한 Everything will be OK.에서 OK 대신에 all right, fine 등을 사용할 수 있다.

CONVERSATION

A: You look so worried. What's the matter with you?
B: I have a job interview tomorrow.
A: Hey, relax! Everything will be OK.
B: Thanks.

> 무척 걱정이 있어 보인다. 무슨 일이니?
> 내일 면접시험이 있어.
> 이봐, 진정해! 다 잘 될 거야.
> 고마워.

Extension

A: Cindy, why the long face? What's eating you?
B: I have a job interview tomorrow.
A: Hey, relax! Everything will be fine.
B: OK, I will.

> Cindy, 왜 시무룩한 얼굴이야? 무슨 고민이 있어?
> 내일 면접시험이 있어.
> 이봐, 진정해! 다 잘 될 거야.
> 그래, 그럴게.

WORDS & EXPRESSIONS

worried 형 걱정하는　**matter** 명 문제　**jog** 명 일, 직업　**interview** 명 인터뷰, 면접
relax 동 안심하다, 진정하다　**everything** 대 모든 것, 모두　**long face** 시무룩한 얼굴

Unit 4
I feel like I'm on cloud nine!

I feel like I'm on cloud nine!

A: You look so happy today.
너 오늘 무척 행복해 보인다.

B: I feel like I'm on cloud nine!
정말 행복해!

TIPS

on cloud nine은 구름 위에 둥둥 떠 있는 것처럼 '매우 행복한'이라는 뜻이다. 이외에도 I feel ten feet tall.이나 I feel like I'm on top of the world. 등이 모두 "기분이 매우 좋아."라는 의미이다.

Why are you so happy?

A: Why are you so happy?
왜 그렇게 행복한데?

B: I got a job that I really want.
내가 원하는 일을 하게 됐거든.

TIPS

so는 '매우', '아주'라는 의미의 부사로 뒤에 happy, sad, excited와 같은 형용사가 온다. I've got a job that I really want.는 관계대명사 that이 있는 문장으로 조금 복잡하게 생각될 수 있지만 I've got a job.과 I really want the job.처럼 두 문장으로 나누어 생각하면 쉽게 이해할 수 있다.

CONVERSATION

A: You look so happy today.
B: I feel like I'm on cloud nine!
A: Why are you so happy?
B: I got a job that I really want.

> 너 오늘 무척 행복해 보인다.
> 정말 행복해!
> 왜 그렇게 행복한데?
> 내가 원하는 일을 하게 됐거든.

Extension

A: You seem so happy today.
B: I feel like I'm on top of the world!
A: Why are you so happy?
B: I got an A on the math test.

> 너 오늘 무척 행복해 보인다.
> 정말 행복해!
> 왜 그렇게 행복한데?
> 수학 시험에서 A를 받았어.

WORDS & EXPRESSIONS

feel like ~한 느낌이다   **on cloud nine** 너무나 행복한, 신명이 나는   **job** 명 직업, 일
top 명 꼭대기   **on top of the world** 천하를 얻은 기분인   **math test** 수학 시험

배운 내용 활용하기

CASE 1 단어들을 활용해 대화를 완성하세요.

A: Why do you _____? (gloomy, so, look)
왜 그렇게 우울해 보이니?

B: I _____. (with, my, up, broke, girlfriend)
여자친구와 헤어졌어.

A: I'm sorry to hear that. Let's _____.
(for, a, out, go, change)
그거 참 안됐다. 기분 전환 하러 나가자.

B: That's a good idea.
좋은 생각이야.

CASE 2 대화를 완성해 보세요.

A: You 무척 행복해 보이다 today.

B: I feel like 나는 정말 행복하다!

A: Why are you so happy?

B: I got a job 내가 정말 원하는.

CASE 3 다음 질문에 대한 답을 직접 해보세요.

How do you feel today?

- 나 정말 행복해.
- 나 우울해.
- 그냥 그래.

CASE 1. look so gloomy / broke up with my girlfriend / go out for a change
CASE 2. look so happy / I'm on cloud nine / that I really want
CASE 3. I am on cloud nine. / I feel gloomy[depressed/blue] / So-so.

Chapter 21
스포츠

Unit 1
Do you like to watch sports games?

Unit 2
What's your favorite sport?

Unit 3
Did you watch the New York Yankees game last night?

Unit 4
How many times do you exercise in a week?

Unit 1
Do you like to watch sports games?

Do you like to watch sports games?

A: Do you like to watch sports games?
운동경기 보는 거 좋아해?

B: Yes. Where do you usually watch them?
응. 너는 보통 어디에서 봐?

TIPS

Do you like to watch sports games?(운동경기 보는 거 좋아해?)를 Do you enjoy watching sports games?로 바꿔 표현할 수 있다. 이때 주의할 점은 like to 다음에는 동사원형이 오고 enjoy 다음에는 동명사가 온다는 것이다.

I usually watch games on TV.

A: I usually watch games on TV.
나는 주로 TV로 경기를 봐.

B: It's so comfortable to watch games at home.
집에서 경기를 보는 것이 정말 편하지.

TIPS

빈도부사 usually, often 등은 일반동사 앞에 쓴다는 것을 기억하자.
▶ I often go to the actual games.   나는 종종 실제 경기를 보러 간다.

It's so comfortable to watch games at home.은 가주어 It과 진주어 to watch games로 구성된 문장으로 이러한 표현 방법을 자유롭게 사용할 수 있도록 연습하자.
▶ It's comfortable to eat at the table.   테이블에서 음식을 먹는 것이 편하다.

CONVERSATION

A: Do you like to watch sports games?
B: Yes. Where do you usually watch them?
A: I usually watch games on TV.
B: It's so comfortable to watch games at home.

> 운동경기 보는 거 좋아해?
> 응. 너는 보통 어디에서 봐?
> 나는 주로 TV로 경기를 봐.
> 집에서 경기를 보는 게 정말 편하지.

Extension

A: Do you like to go to the actual games?
B: Of course! How about you?
A: Yes! It's so fun and exciting.
B: I love to cheer for my team with the crowd.

> 실제 경기를 보러 가는 것을 좋아해?
> 물론이야! 너는 어때?
> 응! 정말 재미있고 신나지.
> 군중들과 내 팀을 응원하는 것이 정말 좋아.

WORDS & EXPRESSIONS

usually 보통, 대개   **comfortable** 편안한   **actual** 실제의
fun 재미있는   **exciting** 흥미로운   **love to** ~하는 것을 매우 좋아하다
cheer for 응원하다   **crowd** 군중

Unit 2
What's your favorite sport?

What's your favorite sport?

A: What's your favorite sport?
좋아하는 스포츠가 뭐야?

B: I recently got into basketball. How about you?
최근에 농구에 흥미가 생겼어. 너는 어때?

TIPS

What's your favorite sport? 대신에 What sport do you like?라고 표현해도 된다. I recently got into basketball.(최근에 농구에 흥미가 생겼어.)에서 get into는 '~에 흥미를 갖다', '~에 열중하다'라는 뜻이다. 운동경기 앞에는 관사를 붙이지 않는다는 것도 기억하자.

▶ I like a soccer. (x) / I like soccer. (o)

I used to like that when I was in high school.

A: I like soccer.
나는 축구를 좋아해.

B: I used to like that when I was in high school.
난 고등학교 때 좋아했었지.

TIPS

[used to+동사원형]은 과거의 습관이나 했던 일을 의미하며, [be used to+동명사(명사)]는 어떤 일에 '익숙해지다'라는 의미이다.

▶ I used to eat Korean food when I was young. 나는 어렸을 때 한국 음식을 먹었다.
▶ I was used to eating Korean food when I was young. 나는 어렸을 때 한국 음식 먹는 것에 익숙했다.

CONVERSATION

A: What's your favorite sport?
B: I recently got into basketball. How about you?
A: I like soccer.
B: I used to like that when I was in high school.

좋아하는 스포츠가 뭐야?
최근에 농구에 흥미가 생겼어. 너는 어때?
나는 축구를 좋아해.
난 고등학교 때 좋아했었지.

Extension

A: Which sport is your favorite?
B: I really like football these days. How about you?
A: My favorite is basketball.
B: I never really liked basketball.

어떤 스포츠를 좋아해?
요즘에는 미식축구를 정말 좋아해. 너는?
내가 좋아하는 것은 농구야.
난 농구를 한 번도 진짜로 좋아한 적이 없는데.

[used to+동사원형]을 좀 더 살펴보면 과거에는 정기적으로 일어났거나 사실이었지만 지금은 그렇지 않은 일에 대해 쓰며, '(과거에) ~하곤 했다'라는 의미이다.
» I used to smoke, but I gave up last week. 내가 예전에는 담배를 피웠지만 지난주에 끊었다.

WORDS & EXPRESSIONS

favorite 형 매우 좋아하는 　　**sport** 명 스포츠 　　**get into** [비격식] ~에 흥미를 갖다
soccer 명 축구 　　**used to** ~하곤 했다 　　**football** 명 미식축구 　　**basketball** 명 농구
these days 요즘에 　　**never** 부 결코 (~않다)

Unit 3
Did you watch the New York Yankees game last night?

Did you watch the New York Yankees game last night?

A: Did you watch the New York Yankees game last night?
지난밤에 뉴욕 양키스 경기를 봤니?

B: No, I had to study, so I couldn't watch the baseball game.
아니, 공부하느라 야구 경기를 보지 못했어.

TIPS

New York Yankees는 미국 뉴욕을 연고지로 하고 있는 프로 야구팀으로 미국에서 가장 대표적인 프로 야구팀이다. 위의 so는 접속사로 쓰여 I had to study.와 I couldn't watch the baseball game.이라는 두 문장을 연결하는 역할을 하고 있다.

I wish I saw it.

A: It was a great game. Derek Jeter hit a grand slam in the 9th inning and won the game.
멋진 경기였어. Derek Jeter가 9회 만루 홈런을 쳐서 경기에 이겼어.

B: Wow, I wish I saw it.
와우, 나도 봤으면 좋았을 텐데.

TIPS

[wish+that절]은 가정법을 이끌어 현실과는 반대로 '~하면 좋겠다고 생각하다', '~하기를 바라다', '~을 빌다'의 표현을 나타낼 때 사용하며, 이때 that은 보통 생략한다.

▶ I wish I were a bird.   내가 새라면 좋을 텐데.

CONVERSATION

A: Did you watch the New York Yankees game last night?

B: No, I had to study, so I couldn't watch the baseball game.

A: It was a great game. Derek Jeter hit a grand slam in the 9th inning and won the game.

B: Wow, I wish I saw it.

지난밤에 뉴욕 양키스 경기를 봤니?
아니, 공부하느라 야구 경기를 보지 못했어.
멋진 경기였어. Derek Jeter가 9회 만루 홈런을 쳐서 경기에 이겼어.
와우, 나도 봤으면 좋았을 텐데.

Extension

A: Did you watch the football game last night?

B: No, was it exciting?

A: Yes, it was a really close game.

B: Wow, I wish I watched it.

지난밤에 미식축구 경기 봤어?
아니, 재미있었어?
응, 정말 막상막하였어.
와우, 나도 봤어야 했는데.

※ 야구 관련 단어 및 표현
pitcher(투수), catcher(포수), batter(타자), infield(내야), outfield(외야), strike out the batter(타자를 삼진으로 잡다), hit a single(1루타를 치다), hit a double(2루타를 치다), hit a triple(3루타를 치다)

» The bases are loaded. 만루다.

WORDS & EXPRESSIONS

study 동 공부하다 **baseball** 명 야구 **great** 형 멋진 **grand slam** (야구에서) 만루 홈런
inning 명 (야구 9회 중) 한 회 **win the game** 경기에서 이기다 **football** 명 미식축구
exciting 형 재미있는 **close game** 아슬아슬한 접전

Unit 4
How many times do you exercise in a week?

How many times do you exercise in a week?

A: How many times do you exercise in a week?
일주일에 몇 번 운동을 하니?

B: I work out twice a week. How about you?
일주일에 두 번 해. 너는?

TIPS

How many times do you exercise in a week?와 유사한 표현으로는 How often do you exercise in a week?(일주일에 얼마나 자주 운동을 하니?)가 있다. work out은 건강·몸매 관리 등을 위해 '운동하다'라는 의미이며, twice a week은 '일주일에 두 번'이라는 의미이다.

I normally exercise at least four times a week.

A: I normally exercise at least four times a week.
나는 보통 일주일에 적어도 네 번은 운동을 해.

B: You work out a lot!
너 운동을 많이 하는구나!

TIPS

normally 대신 usually를 사용해도 된다.

▶ once a week 일주일에 한 번 / twice a week 일주일에 두 번
three times a week 일주일에 세 번 / four times a week 일주일에 네 번

CONVERSATION

A: How many times do you exercise in a week?
B: I work out twice a week. How about you?
A: I normally exercise at least four times a week.
B: You work out a lot!

> 일주일에 몇 번 운동을 하니?
> 일주일에 두 번 해. 너는?
> 나는 보통 일주일에 적어도 네 번은 운동을 해.
> 너 운동을 많이 하는구나!

Extension

A: How often do you play tennis?
B: I don't play that often. How about you?
A: I usually play three times a week.
B: You play quite often!

> 얼마나 자주 테니스를 치니?
> 그다지 자주 치지는 않아. 너는?
> 보통 일주일에 세 번 정도 해.
> 꽤 자주 하네!

보통 횟수를 나타낼 때는 time을 써서 three times, four times처럼 [숫자+times]의 형태로 쓴다. 하지만 '한 번'은 once, '두 번'은 twice라고 하는 것이 one time, two times를 쓰는 것보다 훨씬 자연스럽다.

» several times/many times 여러 번

WORDS & EXPRESSIONS

how many times 몇 번 **exercise** 동 운동하다 **work out** 운동하다
normally 부 보통 때는 **at least** 적어도 **how often** 얼마나 자주 **often** 부 자주
usually 부 보통, 대개 **quite** 부 아주, 꽤, 상당히

CASE 1 단어들을 활용해 대화를 완성하세요.

A: Do you like to _____ ?
(actual, the, to, go, games)
실제 경기를 보러 가는 거 좋아해?

B: Of course! How about you?
물론이야! 너는 어때?

A: Yes! It's so fun and exciting.
응! 정말 재미있고 신나지.

B: I love _____ with the crowd.
(to, my, cheer, for, team)
군중들과 내 팀을 응원하는 것이 정말 좋아.

CASE 2 대화를 완성해 보세요.

A: 얼마나 자주 do you play tennis?

B: I don't play 그다지 자주. How about you?

A: I usually play 일주일에 세 번.

B: You play 꽤 자주!

CASE 3 다음 말에 적절한 응답을 직접 해보세요.

<mark>What's your favorite sport?</mark>

▶ 최근에 농구에 빠졌어.
▶ 나는 축구를 좋아해.
▶ 내가 좋아하는 것은 야구야.

CASE 1. go to the actual games / to cheer for my team
CASE 2. How often / that often / three times a week / quite often
CASE 3. I recently got into basketball. / I like soccer. / My favorite (sport) is baseball.

Chapter 22
결혼/데이트/이성

Unit 1
Are you dating someone?

Unit 2
When do you want to get married?

Unit 3
What kind of girl do you want to meet?

Unit 4
Why don't you ask her out?

Unit 1
Are you dating someone?

Are you dating someone?

A: Are you dating someone?
누구랑 사귀고 있어?

B: No. I like being single. How about you?
아니. 난 혼자 있는 게 좋아. 너는 어때?

TIPS

Are you dating someone?은 "사귀는 사람 있어?"라는 뜻으로, 이와 유사한 표현으로 Are you seeing someone?이나 Do you have a date? 등이 있다. being single은 '독신으로 생활하는 것'을 의미한다.

I've been dating someone for a few months now.

A: I've been dating someone for a few months now.
난 지금 몇 달 동안 만나는 사람이 있어.

B: I'm really happy for you!
잘됐다!

TIPS

see someone, date someone은 '~와 데이트하다'라는 뜻이며, for a few months는 '몇 달 동안'이란 뜻이다. '~동안'이란 의미로 전치사 for는 기간 그 자체를 의미하여 How long ~?에 대한 답을 나타내고, during은 특정한 기간 중 어떤 사건이 일어난 때에 쓴다.

▶ I stayed in Sydney for a week. 나는 시드니에 일주일 동안 머물렀다.
▶ She met him during her stay in Seoul. 그녀는 서울에 머무는 동안 그를 만났다.

CONVERSATION

A: Are you dating someone?
B: No. I like being single. How about you?
A: I've been dating someone for a few months now.
B: I'm really happy for you!

> 누구랑 사귀고 있어?
> 아니. 난 혼자 있는 게 좋아. 너는 어때?
> 난 지금 몇 달 동안 만나는 사람이 있어.
> 잘됐다!

Extension

A: Are you seeing someone right now?
B: We stopped seeing each other recently.
A: I've been seeing *this girl for a few weeks now.
B: I envy you.

> 지금 만나고 있는 사람 있어?
> 최근에 서로 만나지 않기로 했어.
> 난 지금 몇 주 동안 한 여자를 만나고 있어.
> 부럽다.

* 흔히 this는 '이것'을 말하지만, 여기에서는 a(하나의), a certain(어떤)의 의미로, 지금 자리에 없지만 마치 있는 것처럼 이야기할 때 쓰는 표현이다.

현재완료진행형 시제는 [have been+ -ing] 형태로 과거부터 시작해서 지금까지 진행되고 있는 일을 나타낸다. 따라서 I've been going out for one year now.는 과거부터 지금까지 1년 동안 만나고 있다는 것을 의미한다.

WORDS & EXPRESSIONS

| **date someone** ~와 만나다, 데이트하다 | **single** 형 독신인 | **right now** 지금은 |
| **stop -ing** ~하는 것을 멈추다 | **recently** 부 최근에 | **envy** 동 부러워하다 |

Chapter 22 결혼/데이트/이성 **241**

Unit 2
When do you want to get married?

When do you want to get married?

A: When do you want to get married?
언제 결혼하고 싶어?

B: As soon as possible!
가능하면 빨리!

TIPS

get married는 '결혼하다'라는 뜻으로 결혼하는 동작에 초점이 맞춰져 있다. 따라서 "그들이 이번 일요일에 결혼해."라는 표현은 They are getting married this Sunday.이다.

- I am married. 나는 결혼했다. (상태)
- I'm getting married next month. 나는 다음 달에 결혼한다. (동작)

Are you going to pop the question?

A: Are you going to pop the question?
청혼할 거니?

B: I am not ready yet.
아직 준비가 되지 않았어.

TIPS

Are you going to pop the question?에서 pop은 '갑자기 말을 꺼내다', '신청하다'라는 뜻으로 pop the question은 예상치 못한 순간에 갑작스럽게 던지는 질문, 즉 '청혼하다'를 의미한다. 이외에 "너 청혼할 거야?"는 Are you going to ask her to marry you?나 Are you going to propose to her? 등으로 표현할 수 있다.

CONVERSATION

A: When do you want to get married?
B: As soon as possible!
A: Are you going to pop the question?
B: I am not ready yet.

언제 결혼하고 싶어?
가능하면 빨리!
청혼할 거니?
아직 준비가 되지 않았어.

Extension

A: Do you want to get married soon?
B: Yes, I want to get married quickly.
A: Are you going to ask her to marry you?
B: I haven't made up my mind yet.

빨리 결혼하고 싶어?
응. 난 빨리 결혼하고 싶어.
그녀한테 결혼해 달라고 할 거야?
아직 결심하지 못했어.

marry(~와 결혼하다)는 타동사로 반드시 상대방이 목적어로 나와야 한다. marry with라고 쓰지 않도록 주의하자. 수동형으로 쓰는 경우에는 be married to가 된다.

» She married Jack.
 = She's married to Jack.
 그녀는 Jack과 결혼했다.

WORDS & EXPRESSIONS

get married 결혼하다　**possible** 형 가능한　**pop the question** 청혼하다
ready 형 준비된　**yet** 부 아직　**quickly** 부 빨리　**marry** 동 ~와 결혼하다
make up one's mind 결심하다

Unit 3
What kind of girl do you want to meet?

What kind of girl do you want to meet?

A: What kind of girl do you want to meet?
어떤 여자를 만나고 싶어?

B: I want to meet the perfect girl.
완벽한 여자를 만나고 싶어.

TIPS

이상형을 물을 때는 What is your ideal type?(너의 이상형이 뭐야?)이나 What kind of guy are you looking for?(어떤 남자를 찾고 있어?)로 표현할 수 있으며, 이에 대한 대답으로는 I'm looking for a charming woman.(나는 매력적인 여성을 찾고 있어.)이나 I'm looking for a Prince Charming.(나는 백마 탄 왕자님을 찾고 있어.) 등이 있다.

You are too picky.

A: You are too picky.
넌 너무 까다로워.

B: So are you!
너도 그렇잖아!

TIPS

picky는 사람이 '까다로운', '별스러운'이란 뜻으로 a picky eater(식성인 까다로운 사람), a picky dresser(옷을 까다롭게 입는 사람), picky about food(편식하는) 등으로 표현할 수 있다. [so+be동사+주어]는 '~도 그래'라는 표현으로 긍정문일 때 사용한다.

▶ A: I'm hungry. 나 배고파.
　B: So am I. 나도 그래.

CONVERSATION

A: What kind of girl do you want to meet?
B: I want to meet the perfect girl.
A: You are too picky.
B: So are you!

어떤 여자를 만나고 싶어?
완벽한 여자를 만나고 싶어.
넌 너무 까다로워.
너도 그렇잖아!

Extension

A: What is your ideal type?
B: I want a guy who has an outstanding personality with great looks.
A: You have high standards!
B: You don't have low standards, either!

너의 이상형이 뭐야?
난 성격이 좋고 잘생긴 남자를 만나고 싶어.
너 기준이 너무 높은데!
너도 기준이 낮지는 않잖아!

WORDS & EXPRESSIONS

perfect 형 완벽한   **too** 부 너무   **picky** 형 까다로운   **ideal type** 이상형
guy 명 남자   **outstanding** 형 뛰어난   **personality** 명 성격   **looks** 명 외모, 겉모습
high 형 높은   **standard** 명 기준   **low** 형 낮은

Unit 4
Why don't you ask her out?

Why don't you ask her out?

A: Why don't you ask her out?
그녀한테 데이트 신청하는 게 어때?

B: I'd like to, but I don't have the courage to do that.
그러고 싶은데, 그럴 용기가 없어.

TIPS

Why don't you ~?는 상대방에게 뭔가를 권유하는 표현이며, ask out은 이성에게 '데이트를 신청하다'라는 의미이다. Why don't you ~? 대신에 How about ~?을 사용해서 How about asking her out?이라고 해도 된다.

None but the brave deserve the fair.

A: None but the brave deserve the fair.
용감한 자만이 미인을 얻어.

B: Do you think she will say yes?
그녀가 허락할까?

TIPS

the brave는 '용감한 사람(들)'이라는 뜻이고, the fair는 '아름다운 여인(들)'을 의미한다. 그리고 deserve는 '~할 자격이 있다'라는 의미이다. 문장 구조가 조금 복잡하지만 통으로 외워두면 유용하게 쓸 수 있다. the fair 대신에 the beautiful woman을 사용해서 None but the brave deserve the beautiful woman. 또는 Only a courageous man deserves a beautiful woman.이라고 할 수도 있다.

CONVERSATION

A: Why don't you ask her out?
B: I'd like to, but I don't have the courage to do that.
A: None but the brave deserve the fair.
B: Do you think she will say yes?

그녀한테 데이트 신청하는 게 어때?
그러고 싶은데, 그럴 용기가 없어.
용감한 자만이 미인을 얻어.
그녀가 허락할까?

Extension

A: Why don't you ask her out?
B: I'd like to, but I don't have the courage to do that.
A: She's a charming woman. You should ask her out.
B: What if she turns down my request?

그녀한테 데이트 신청하는 게 어때?
그러고 싶은데, 용기가 없어.
그녀는 멋진 여자야. 그녀에게 데이트 신청을 해야 해.
그녀가 내 청을 거절하면 어쩌지?

[the+형용사]는 [형용사+people]을 의미한다. 따라서 위의 the brave는 brave people(용감한 사람들)을, the fair는 fair people(어여쁜 사람들)을 말한다.

WORDS & EXPRESSIONS

ask someone out ~에게 데이트 신청하다   **courage** 명 용기   **brave** 형 용감한
fair 형 어여쁜   **deserve** 동 ~을 받을 만하다   **charming** 형 멋진, 매력적인
turn down 거절하다   **request** 명 요청, 요구

CASE 1 단어들을 활용해 대화를 완성하세요.

A: Do you want _____?
(married, get, to, soon)
빨리 결혼하고 싶어?

B: Yes, I want to get married quickly.
응. 난 빨리 결혼하고 싶어.

A: Are you going to _____?
(to, ask, her, marry)
그녀에게 결혼해 달라고 할 거야?

B: I haven't _____ yet. (up, mind, my, made)
아직 결심하지 못했어.

CASE 2 대화를 완성해 보세요.

A: Why don't you 그녀한테 데이트 신청을 하다?

B: 그러고 싶은데, but I don't have the courage to do that.

A: She's 멋진 여자. You should ask her out.

B: 어쩌지 she turns down my request?

CASE 3 다음 질문에 대한 답을 직접 해보세요.

What is your ideal type?

▸ 내 이상형은 안젤리나 졸리야.
▸ 특별히 좋아하는 스타일은 없어.
▸ 키 크고 잘생긴 사람.

CASE 1. to get married soon / ask her to marry / made up my mind
CASE 2. ask her out / I'd like to / a charming woman / What if
CASE 3. My ideal type is someone like Angelina Jolie. / I don't have a particular style that I like. / Someone who is tall and handsome.

★ 콩글리시

Fighting! (X) → Go, Team! (O)

우리가 팀을 응원할 때 흔히 쓰는 Fighting!은 콩글리시다. 콩글리시는 Korean English를 줄인 말로 한국식으로 잘못 발음하거나 비문법적으로 사용하는 영어를 이르는 말이다. 콩글리시에는 자동차 '핸들'이나 '파이팅'처럼 원래 영어 의미와 다르게 사용하는 것도 있고, '에어컨'처럼 표현 중 일부만 쓰거나 '핸드폰'처럼 비영어권에서 만들어진 말 등이 있다. 모두 원어민들이 이해하지 못하는 한국식 영어다. 여기서는 가장 많이 사용하는 콩글리시를 살펴보자.

1. '핸드폰'이 아니라 cellular phone
   핸드폰은 독일, 싱가포르에서 널리 쓰는 표현이다. 영어권에서는 cellular phone이나 cell phone, mobile phone이라고 한다.
2. '와이셔츠'가 아니라 shirts
   영어권에서는 그냥 shirts나 dress shirts라고 한다. 현재 우리나라에서는 '와이셔츠'가 표준어로 되어 있다.
3. '핸들'이 아니라 steering wheel
   영어에서 handle은 '자동차 핸들'이 아니라 문이나 서랍, 창문을 여는 '손잡이'를 말한다.

★ 연습하기

우리 주위에 흔히 볼 수 있는 콩글리시를 더 살펴보고 기억하자.

- '컨닝'이 아니라 cheating
- '리모컨'이 아니고 remote control
- '오토바이'가 아니라 motorcycle / motorbike
- '노트북'이 아니라 laptop
- '샤프'가 아니라 mechanical pencil
- '호치키스'가 아니라 stapler
- '모닝콜'이 아니라 wake-up call
- '더치페이'가 아니라 going dutch
- '원룸'이 아니라 studio apartment / studio
- '아르바이트'가 아니라 part-time job
- '바바리 코트'가 아니라 trench coat
- '추리닝'이 아니라 sweatsuit / jogging suit

PART 6

Chapter 23　길 찾기
Chapter 24　여행
Chapter 25　외모
Chapter 26　성격
Chapter 27　직업
네이티브처럼 말하기

Chapter 23
길 찾기

Unit 1
Do you know where this restaurant is?

Unit 2
How far is Central Park from here?

Unit 3
How can I get there?

Unit 4
Would you tell me where I have to get off for City Hall?

Unit 1
Do you know where this restaurant is?

Do you know where this restaurant is?

A: Do you know where this restaurant is?
이 레스토랑이 어디에 있는지 아시나요?

B: Yes. It's not that far from here.
예. 여기서 그렇게 멀지 않아요.

TIPS

Do you know where this restaurant is? 대신에 Could you show me the way to this restaurant?이나 Could you tell me where this restaurant is?로 바꿔서 표현할 수 있다.

Go straight down this block and turn right.

A: Please give me directions.
길 좀 알려주세요.

B: Go straight down this block and turn right.
이 블록을 쭉 내려가서 오른쪽으로 가세요.

TIPS

길을 안내할 때 사용하는 여러 표현들을 알아보자.

- Cross the street and turn left. 길을 건너 왼쪽으로 가세요.
- You can't miss it. 찾기 쉬워요.
- Go straight down until you come to the post office. 우체국이 나올 때까지 쭉 가세요.
- Turn left at the corner. It's on your left. 모퉁이에서 왼쪽으로 가세요. 왼쪽에 있어요.

CONVERSATION

A: Do you know where this restaurant is?
B: Yes. It's not that far from here.
A: Please give me directions.
B: Go straight down this block and turn right.

이 레스토랑이 어디에 있는지 아시나요?
예, 여기서 그렇게 멀지 않아요.
길 좀 알려주세요.
이 블록을 쭉 내려가서 오른쪽으로 가세요.

Extension

A: How can I get to Union Square?
B: You are close by!
A: Please tell me how to get there.
B: Just go down two more blocks and you will see it on your right.

유니언 스퀘어에 어떻게 가죠?
가까이에 있어요!
거기에 어떻게 가는지 알려주세요.
두 블록을 곧장 내려가면 오른쪽에 보일 거예요.

WORDS & EXPRESSIONS

restaurant 명 레스토랑　　**far from** ~로부터 멀리　　**direction** 명 방향
straight 부 똑바로, 곧장　　**block** 명 (도로로 나뉘는) 구역, 블록　　**turn** 동 돌다
right 부 오른쪽으로 명 오른쪽　　**Union Square** (미국, 샌프란시스코) 유니언 스퀘어
close by 근근[가까이]에

Unit 2
How far is Central Park from here?

How far is Central Park from here?

A: How far is Central Park from here?
여기서 센트럴 파크가 얼마나 멀어요?

B: You have to take the subway over there.
저기에서 지하철을 타야 해요.

TIPS

How far ~?는 '거리가 얼마나 먼가요?'라는 의미로 How far is Central Park from here?는 How far is it from here to Central Park?로 바꿔 쓸 수 있다.

▶ How far is it from here to your house?   여기서 당신 집까지 거리가 얼마나 되나요?

How long does it take from here?

A: How long does it take from here?
여기서 얼마나 걸릴까요?

B: It will take about 20 minutes.
약 20분 정도 걸려요.

TIPS

How long은 '시간이 얼마나'라는 의미이고, take는 '(얼마의 시간이) 걸리다'라는 뜻이다. 이러한 질문에는 [It+take+(사람)+시간+to부정사]라는 문장 구조를 이용해서 It will take (you) twenty minutes to get there by subway.(지하철로 20분 걸려요.)처럼 대답할 수 있다.

CONVERSATION

A: How far is Central Park from here?
B: You have to take the subway over there.
A: How long does it take from here?
B: It will take about 20 minutes.

> 여기서 센트럴 파크가 얼마나 멀어요?
> 저기에서 지하철을 타야 해요.
> 여기서 얼마나 걸릴까요?
> 약 20분 정도 걸려요.

Extension

A: How far is it from here to Central Park?
B: You have to walk for about 10 minutes.
A: Are there any other ways to get there?
B: Take a bus over there.

> 여기서 센트럴 파크가 얼마나 멀어요?
> 약 10분 정도 걸어가면 돼요.
> 거기에 가는 다른 방법이 있나요?
> 저기서 버스를 타세요.

any는 부정문과 의문문에서 불가산 명사나 복수 명사와 함께 쓰여 무엇의 양이나 수를 가리킨다. 이때 그 양이나 수가 많고 적음은 상관이 없다.
» I didn't eat any meat.
　나는 고기를 한 점도 안 먹었다.

WORDS & EXPRESSIONS

Central Park 센트럴 파크(뉴욕 시 중심부의 큰 공원)　**subway** 명 지하철
over there 저쪽에　　**take** 동 ~을 타다, 시간이 걸리다　**about** 부 약, ~쯤, ~경
walk 동 걷다　　**minute** 명 (시간) 분　**way** 명 방법

Unit 3
How can I get there?

How can I get there?

A: How can I get there?
거기에 어떻게 가나요?

B: You can take the R or F train.
R이나 F 기차를 탈 수 있어요.

TIPS

How can I get there? 대신 Which transportation do I use to get there?(어떤 교통수단을 이용해서 그곳에 가나요?)라고 할 수 있다. 동사 get은 어떤 장소에 '이르다', '닿다', '도착하다'라는 뜻으로 [get+전치사+장소]나 [get+부사]라는 형태로 쓴다.

▶ get to the airport 공항에 도착하다 / get home 집에 도착하다

What stop do I have to get off at?

A: What stop do I have to get off at?
어떤 역에서 내려야 해요?

B: Get off at 53rd street station.
53가역에서 내려야 해요.

TIPS

What stop do I have to get off at?(어떤 역에서 내려야 해요?)에서 장소를 나타내는 전치사 at을 꼭 써야 한다는 것을 기억하자. 비슷한 표현으로 Where do I have to get off?가 있는데 이때에는 전치사 at을 사용하지 않는다. at을 쓰지 않는 이유는 조금 어렵게 들릴지 모르나 where이 의문부사로 쓰였기 때문이다.

CONVERSATION

A: How can I get there?
B: You can take the R or F train.
A: What stop do I have to get off at?
B: Get off at 53rd street station.

> 거기에 어떻게 가나요?
> R이나 F 기차를 탈 수 있어요.
> 어떤 역에서 내려야 해요?
> 53가역에서 내려야 해요.

Extension

A: How do I get to your house'?
B: You can take the 4010 bus at Washington bus stop.
A: Where do I have to get off?
B: Get off at the 10th street bus stop.

> 당신 집에 어떻게 가요?
> 워싱턴 버스 정류장에서 4010번 버스를 타면 돼요.
> 어디에서 내려요?
> 10번가 버스 정류장에서 내려요.

WORDS & EXPRESSIONS

get 통 (장소나 위치에) 도착하다　　**take** 통 (교통수단·도로 등을) 타다[이용하다]
stop 명 정류장　　**get off** ~에서 내리다　　**street** 명 거리, 도로, ~가　　**station** 명 역

Unit 4
Would you tell me where I have to get off for City Hall?

Would you tell me where I have to get off for City Hall?

A: Would you tell me where I have to get off for City Hall?
시청에 가려면 어디에서 내려야 하는지 알려주시겠어요?

B: Sure, you have to get off at the next stop.
예, 다음 정거장에서 내려야 해요.

TIPS
Would you tell me where I have to get off for City Hall?에서 I have를 생략하고 Would you tell me where to get off for City Hall?이라고 표현할 수 있다. 전치사 for 다음에 가고자 하는 목적지를 말하면 된다.

Do I have to transfer to another line?

A: Do I have to transfer to another line?
환승해야 하나요?

B: No, you don't have to.
아니오, 그럴 필요 없어요.

TIPS
Do I have to transfer to another line? 대신 Do I need to transfer to another line?이나 Do I have to change to get there? 등으로 바꿔 표현할 수 있다.

CONVERSATION

A: Would you tell me where I have to get off for City Hall?
B: Sure, you have to get off at the next stop.
A: Do I have to transfer to another line?
B: No, you don't have to.

시청에 가려면 어디에서 내려야 하는지 알려주시겠어요?
예, 다음 정거장에서 내려야 해요.
환승해야 하나요?
아니오, 그럴 필요 없어요.

Extension

A: Would you tell me where to get off for City Hall?
B: Sure. Please get off at the third stop from here.
A: Do I have to change to get there?
B: Yes, you have to transfer to the green line.

시청에 가려면 어디에서 내려야 하는지 알려주시겠어요?
물론이요. 여기서부터 세 정거장 가서 내리세요.
환승해야 하나요?
예, 그린라인으로 갈아타야 해요.

MARK YOU

don't have to는 '~할 필요가 없다'라는 의미로 need(~해야 하다)의 반의어이다. have to(~해야 하다)의 부정은 must not(~하면 안 되다)이다.

WORDS & EXPRESSIONS

City Hall 시청   **transfer** 동 갈아타다   **another** 형 또 다른   **line** 명 (기차) 선로[노선]
third 명 세 번째   **change** 동 바꾸다, (기차 · 비행기 등을) 갈아타다[바꿔 타다]

CASE 1 단어들을 활용해 대화를 완성하세요.

A: Would you tell me _____ for City Hall?
(to, have, I, where, get, off)
시청에 가려면 어디에서 내려야 하는지 알려주시겠어요?

B: Sure, you have to get off at the next stop.
예, 다음 정거장에서 내려야 해요.

A: Do I have to _____?
(another, to, transfer, line)
환승해야 하나요?

B: No, _____. (to, have, don't, you)
아니오, 그럴 필요 없어요.

CASE 2 대화를 완성해 보세요.

A: Do you know 이 레스토랑이 어디에 있는지?

B: Yes. It's not that far from here.

A: Please 길을 알려주다.

B: 이 블록을 쭉 내려가라 and turn right.

CASE 3 다음 친구의 말에 적절한 답을 해보세요.

==How can I get there?==

▶ R 기차를 타면 돼요.
▶ 4010번 버스를 타면 돼요.
▶ 저기에서 지하철을 타면 돼요.

CASE 1. where I have to get off / transfer to another line / you don't have to
CASE 2. where this restaurant is / give me directions / Go straight down this block
CASE 3. You can take the R train. / You can take the 4010 bus. / You can take the subway over there.

Chapter 24
여행

Unit 1
Have you ever been to Hawaii?

Unit 2
What's the purpose of your visit?

Unit 3
I'm calling to see if I can change my reservation.

Unit 4
Is there a shuttle bus to the duty free shop?

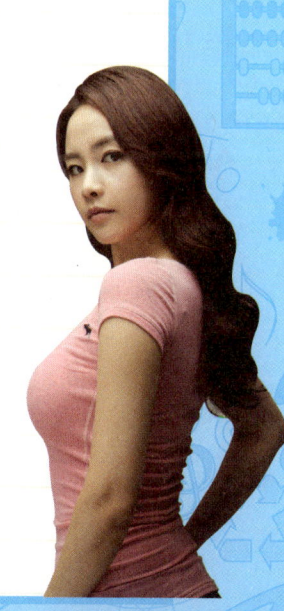

Unit 1
Have you ever been to Hawaii?

Have you ever been to Hawaii?

A: Have you ever been to Hawaii?
하와이에 가본 적 있어?

B: No, I haven't.
아니, 없어.

TIPS

Have you ever been to Hawaii?는 현재완료 용법(have+p.p.)으로 과거부터 지금까지의 경험을 묻고 있다. 이때 대답은 Have로 묻고 있으므로 Yes, I have. 또는 No, I haven't.로 해야 한다. Have you ever been to Hawaii? 대신 Did you ever go to Hawaii?라고 할 수도 있다.

Is there a place that you want to visit?

A: Is there a place that you want to visit?
방문하고 싶은 장소가 있어?

B: I want to visit South Africa.
남아프리카에 가보고 싶어.

TIPS

Is there a place that you want to visit?에서 that은 목적격 관계대명사로 생략할 수 있다. 이는 Are there any special places you want to visit?이나 Is there a place you want to go? 또는 Where do you want to travel to? 등으로 바꿔 표현할 수 있다. 동사 visit는 타동사로 바로 다음에 방문하려는 목적지가 나와야 한다.

▶ I want to visit London. 나는 런던을 방문하고 싶다.

CONVERSATION

A: Have you ever been to Hawaii?
B: No, I haven't.
A: Is there a place that you want to visit?
B: I want to visit South Africa.

하와이에 가본 적 있어?
아니, 없어.
방문하고 싶은 장소가 있어?
남아프리카에 가보고 싶어.

Extension

A: Is there a place you want to go?
B: I want to visit Australia.
A: I really want to go to Spain.
B: So do I!

방문하고 싶은 장소가 있어?
호주에 가보고 싶어.
난 스페인에 정말 가보고 싶어.
나도 그래!

WORDS & EXPRESSIONS

place 명 장소   **visit** 동 방문하다   **really** 부 정말로

Unit 2
What's the purpose of your visit?

What's the purpose of your visit?

A: What's the purpose of your visit?
방문 목적이 뭐예요?

B: I'm here on vacation.
휴가차 왔어요.

TIPS

입국심사를 할 때 가장 많이 듣는 질문이 바로 What's the purpose of your visit?이다. 유사한 표현으로는 What are you here for?나 What brings you here?가 있다. 이에 대한 대답은 방문 목적에 따라 아래와 같이 답할 수 있다.

- ▶ I'm here on business.   사업차 왔다.
- ▶ To visit my friends.   친구를 방문하려고 왔다.
- ▶ I'm here to visit my relatives.   친척을 방문하려고 왔다.
- ▶ I'm a tourist. 여행하려고 왔다.

How long are you going to stay here?

A: How long are you going to stay here?
여기서 얼마나 머무실 예정이에요?

B: For five days.
5일 동안이요.

TIPS

How long are you going to stay here?은 How long will you be here?이나 How long will you be staying here?로 바꿔 표현할 수 있다. For five days.는 I will be staying here for five days.(여기서 5일 동안 머무를 거야.)에서 I will be staying here가 생략된 것이다.

CONVERSATION

A: What's the purpose of your visit?
B: I'm here on vacation.
A: How long are you going to stay here?
B: For five days.

방문 목적이 뭐예요?
휴가차 왔어요.
여기서 얼마나 머무실 예정이에요?
5일 동안이요.

Extension

A: What's the purpose of your visit?
B: I'm here to visit my relatives.
A: How long will you be staying here?
B: I will be staying here for a week.

방문 목적이 뭐예요?
친척을 방문하려고 왔어요.
여기서 얼마나 머무실 예정이에요?
일주일 동안 머물 거예요.

for와 during이 시간의 전치사로 사용되면 우리말로 둘 다 '~동안'라는 의미로 혼동하기 쉽다. for는 '일반적인 시간의 길이'를 의미하고, during은 '특정한 기간 동안'을 의미한다.

» I've been driving for five hours.
  나는 5시간 동안 운전해 왔다.
» I went to Florida during the summer vacation.
  나는 여름휴가 동안 플로리다에 갔다.

WORDS & EXPRESSIONS

purpose 명 목적   **visit** 명 방문   **on vacation** 휴가로, 휴가를 얻어   **stary** 동 머무르다
relative 명 친척

Unit 3
I'm calling to see if I can change my reservation.

I'm calling to see if I can change my reservation.

A: I'm calling to see if I can change my reservation.
예약 변경이 가능한지 알아보려고 전화했어요.

B: What would you like to change?
무엇을 변경하려고 하시나요?

TIPS

I'm calling to see if I can change my reservation.에서 접속사 if는 '~인지 아닌지'라는 뜻이다. 예약 변경과 관련한 다른 표현들도 함께 알아두자.

- ▶ I'm calling to change my reservation.　예약을 변경하려고 전화했다.
- ▶ I'd like to change my flight.　항공편을 변경하고 싶다.

I'd like to change the departure date to September 1st.

A: I'd like to change the departure date to September 1st.
출발 일을 9월 1일로 바꾸고 싶어요.

B: May I have your name, please?
성함 좀 알려주시겠어요?

TIPS

change A to B는 'A를 B로 바꾸다'라는 의미이다.

- ▶ I'm wondering if I can change to an earlier flight.　좀 더 일찍 출발하는 비행기로 바꾸고 싶다.
- ▶ I'd like to change it to tomorrow at the same time.　내일 같은 시간에 떠나는 비행기로 바꾸고 싶다.

CONVERSATION

A: I'm calling to see if I can change my reservation.
B: What would you like to change?
A: I'd like to change the departure date to September 1st.
B: May I have your name, please?

예약 변경이 가능한지 알아보려고 전화했어요.
무엇을 변경하려고 하시나요?
출발 일을 9월 1일로 바꾸고 싶어요.
성함 좀 알려주시겠어요?

Extension

A: Hello. I'm calling to change my flight.
B: What would you like to change?
A: I'm wondering if I can change it to tomorrow at the same time.
B: May I have your name, sir?

안녕하세요. 항공편을 변경하고 싶은데요.
무엇을 변경하려고 하시나요?
내일 같은 시간에 떠나는 비행기로 바꿀 수 있는지 궁금해요.
손님, 성함 좀 알려주시겠어요?

wonder if는 '~인지 궁금하다'라는 뜻으로 자주 사용하는 패턴이다. 주로 뭔가 물어보고 싶을 때 대놓고 물어보기보다는 wonder를 써서 궁금하다고 표현한다.
» I wonder if that's true.
그게 사실인지 궁금하다.

WORDS & EXPRESSIONS

change 동 바꾸다   **reservation** 명 예약   **departure** 명 출발
flight 명 비행, 비행기 여행   **wonder** 동 궁금하다, 궁금해하다

Unit 4
Is there a shuttle bus to the duty free shop?

Is there a shuttle bus to the duty free shop?

A: Is there a shuttle bus to the duty free shop?
면세점에 가는 셔틀버스가 있나요?

B: Yes, the bus stops at the main gate.
예, 버스가 정문에 서요.

TIPS

Is there a shuttle bus to the duty free shop?에서 to 다음에 가고자 하는 장소를 말하여 질문을 할 수 있다. a shuttle bus 대신에 a shuttle service라고 말해도 된다.

The buses come every 20 minutes.

A: How often does the bus come to the hotel?
얼마나 자주 버스가 호텔에 오죠?

B: The buses come every 20 minutes.
20분 간격으로 와요.

TIPS

시간표에 사용하는 용어에 대해 알아보자.

▶ every hour on the hour 매시간 정각에 / every hour on the half hour 매시간 30분마다

CONVERSATION

A: Is there a shuttle bus to the duty free shop?
B: Yes, the bus stops at the main gate.
A: How often does the bus come to the hotel?
B: The buses come every 20 minutes.

면세점에 가는 셔틀버스가 있나요?
예, 버스가 정문에 서요.
얼마나 자주 버스가 호텔에 오죠?
20분 간격으로 와요.

Extension

A: Is there a shuttle service for the airport?
B: Yes, the bus stops here.
A: How often does the bus come here?
B: The bus comes every hour on the hour.

공항에 가는 셔틀버스가 있나요?
예, 여기에서 버스가 서요.
얼마나 자주 버스가 여기에 오나요?
매시간 정각에 와요.

every 뒤에는 항상 단수 동사가 오고, every one of 다음에는 복수 명사가 나오지만 동사는 보통 단수형을 쓴다.
» Every student passes the exam.
  모든 학생들이 시험에 통과한다.
» Every one of them was bad.
  그것들 하나하나가 다 상했다.

WORDS & EXPRESSIONS

shuttle bus 근거리 왕복 버스, 셔틀버스 **duty free** 면세의 **shop** 몡 가게, 상점
main gate 정문 **how often** 얼마나 자주 **hotel** 몡 호텔
every 혱 (빈도를 나타내어) 매, ~마다 **airport** 몡 공항 **on the hour** 정시에

CASE 1 단어들을 활용해 대화를 완성하세요.

A: I'm calling to see _____.
(my, change, can, if, I, reservation)
예약의 변경이 가능한지 알아보려고 전화했어요.

B: What would you like to change?
무엇을 변경하려고 하시나요?

A: I'd _____ to September 1st.
(departure, change, to, like, the, date)
출발 일을 9월 1일로 바꾸고 싶어요.

B: _____, please? (may, your, have, I, name)
성함 좀 알려주시겠어요?

CASE 2 대화를 완성해 보세요.

A: Is there a shuttle bus to 면세점?

B: Yes, the bus stops at the main gate.

A: 얼마나 자주 does the bus come to the hotel?

B: The buses come 20분 간격으로.

CASE 3 다음 친구의 말에 적절한 답을 해보세요.

What's the purpose of your visit?

▸ 휴가차 왔어요.
▸ 친척을 방문하려고 왔어요.
▸ 사업차 왔어요.

CASE 1. if I can change my reservation / like to change the departure date / May I have your name
CASE 2. the duty free shop / How often / every 20 minutes
CASE 3. I'm here on vacation. / I'm here to visit my relatives. / I'm here on business.

Chapter 25
외모

Unit 1
What does your brother look like?

Unit 2
I want to change my look.

Unit 3
What do you think about my new look?

Unit 4
I want to lose weight.

Unit 1
What does your brother look like?

What does your brother look like?

A: What does your brother look like?
네 동생은 어떻게 생겼어?

B: This is him in the picture.
이 사진에 있는 사람이 동생이야.

TIPS

What does your brother look like? 대신 How does your brother look?이라고 표현할 수 있으며, 이에 대한 대답은 다양하므로 아래 사람의 외모를 나타내는 표현들을 알아보자.

▶ be tall and thin 키 크고 마르다 / be short and plump 키가 작고 통통하다
have long hair 머리가 길다 / have blond hair 금발이다 / have curly hair 곱슬머리다

He looks like you!

A: I think he looks like you!
너랑 닮은 것 같은데!

B: He's much taller than me.
동생이 나보다 훨씬 키가 커.

TIPS

look like는 '~인 것처럼 보이다'라는 의미로, She looks like you.라고 하면 "그녀는 너하고 닮았어."라는 뜻이다. 이외에 '닮았다'는 표현으로 동사 resemble을 사용하여 You guys resemble each other.(너희 둘은 서로 닮았어.)라고 할 수 있다.

CONVERSATION

A: What does your brother look like?
B: This is him in the picture.
A: I think he looks like you!
B: He's much taller than me.

네 동생은 어떻게 생겼어?
이 사진에 있는 사람이 동생이야.
너랑 닮은 것 같은데!
동생이 나보다 훨씬 키가 커.

Extension

A: What does your sister look like?
B: This is her in the picture.
A: You resemble each other!
B: I've heard that a lot.

네 언니는 어떻게 생겼어?
이 사진에 있는 사람이 언니야.
너희 둘 서로 닮았다!
그런 말 많이 들었어.

'서로서로'라는 의미로 사용하는 each other은 대상이 두 명인 경우에 사용하고, one another은 대상이 세 명 이상인 경우에 사용한다.

» Three people shared the seat with one another.
세 사람이 서로서로 좌석을 공유했다.

WORDS & EXPRESSIONS

picture 명 사진   **look like** ~처럼 보이다   **much** 부 훨씬 더
taller 형 tall(키가 큰)의 비교급, 더 키가 큰   **resemble** 동 닮다, 유사하다
each other (둘이) 서로서로   **a lot** 많이

Unit 2
I want to change my look.

I want to change my look.

A: I want to change my look.
내 외모를 바꾸고 싶어.

B: Why don't you cut your hair?
머리를 잘라 보는 게 어때?

TIPS
look은 명사로 '외모', '생김새', '모양'이라는 뜻이 있다. I want to change my look.에서 look 대신 appearance를 사용해서 표현해도 된다. 또 다른 표현으로 I really want to change my style.(내 스타일을 정말 바꾸고 싶어.)이라고 할 수도 있다.

I want a drastic change!

A: I want a drastic change!
확 바꿔 보고 싶어!

B: Then you should cut it really short!
그러면 정말 짧게 잘라야 해!

TIPS
자신이 원하는 스타일에 대한 다른 표현들도 알아보자.

- ▶ I want to look younger. 더 어려 보이고 싶다.
- ▶ I just want to look more chic and elegant. 그냥 더 세련되고 우아해 보이고 싶다.
- ▶ I want to look more gorgeous. 더 멋져 보이고 싶다.

CONVERSATION

A: I want to change my look.
B: Why don't you cut your hair?
A: I want a drastic change!
B: Then you should cut it really short!

내 외모를 바꾸고 싶어.
머리를 잘라 보는 게 어때?
확 바꿔 보고 싶어!
그러면 정말 짧게 잘라야 해!

Extension

A: I really want to change my style.
B: Why don't you change your hairstyle?
A: I just want to look more chic and elegant.
B: Then maybe you should change your make-up style.

내 스타일을 정말 바꾸고 싶어.
헤어스타일을 바꾸는 게 어때?
그냥 더 세련되고 우아해 보이고 싶어.
그러면 아마 너의 메이크업 스타일을 바꿔야 할 거야.

WORDS & EXPRESSIONS

change 동 변화하다, 바꾸다 명 변화　　**look** 명 외모　　**cut** 동 자르다　　**drastic** 형 과감한
short 형 짧은　　**style** 명 스타일　　**hairstyle** 명 헤어스타일　　**chic** 형 멋진, 세련된
elegant 형 우아한　　**maybe** 부 아마　　**make-up** 명 화장, 메이크업

Unit 3
What do you think about my new look?

What do you think about my new look?

A: What do you think about my new look?
　내 새 모습 어떤 것 같아?

B: You look so different.
　아주 달라 보여.

TIPS

What do you think about ~?은 '~에 대해 어떻게 생각하니?'라는 뜻으로 상대방에게 의견을 물을 때 자주 사용하는 표현이다. '어떻게'라는 말 때문에 what 대신 how를 사용하지 않도록 주의하자. You look so different. 대신에 You look very pretty.(매우 예뻐 보여.), You look much younger.(훨씬 어려 보여.) 등으로 바꿔 표현해 보자.

That color looks great on you!

A: I changed my hair color.
　머리색을 바꿨어.

B: That color looks great on you!
　그 색깔이 너한테 아주 잘 어울려!

TIPS

[look good on+사람]은 '사람에게 잘 어울리다'라는 의미이며, [look good in+사물]은 '사람이 아닌 뭔가에 잘 어울리다'라는 뜻이다. go with를 써서 동일한 의미를 나타낼 수도 있다.

- ▶ The coat looks good on you.　그 코트가 너에게 잘 어울린다.
- ▶ You look great in yellow.　너는 노란색이 잘 어울린다.
- ▶ The necktie goes well with your suit.　넥타이가 네 양복에 매우 잘 어울린다.

CONVERSATION

A: What do you think about my new look?
B: You look so different.
A: I changed my hair color.
B: That color looks great on you!

내 새 모습 어떤 것 같아?
아주 달라 보여.
머리색을 바꿨어.
그 색깔이 너한테 아주 잘 어울려!

Extension

A: Do you think I look different?
B: You look much younger.
A: I changed my make-up style.
B: The style looks good on you!

내가 달라 보인다고 생각해?
훨씬 어려 보여.
메이크업 스타일을 바꿨어.
그 스타일이 너한테 잘 어울려!

비교급을 강조하는 부사로는 much 이외에도 even, still, a lot, far, by far가 있다.

WORDS & EXPRESSIONS

think about ~에 대해 생각하다　　**different** 형 다른　　**much** 부 훨씬 더
younger 형 young(어린)의 비교급, 더 어린

Unit 4
I want to lose weight.

I want to lose weight.

A: I want to lose weight.
살을 빼고 싶어.

B: You look fine now.
지금 좋아 보여.

TIPS

lose weight은 '살을 빼다'이고, 반대로 gain weight은 '살이 찌다'라는 뜻이다. I want to lose weight.와 유사한 표현으로 I need to go on a diet.(나는 다이어트가 필요해.)가 있다.

I want to look thinner.

A: I want to look thinner.
더 말라 보였으면 좋겠어.

B: Don't get so thin!
너무 마르지는 마!

TIPS

thin과 같이 [모음+자음]으로 끝나는 단어는 thinner처럼 자음을 하나 더 붙여 비교급을 만든다. thinner 대신 slimmer를 사용해도 된다.

▶ thin 마른 → thinner / slim 마른, 날씬한 → slimmer / fat 살찐 → fatter

280 레이나의 All About Speaking

CONVERSATION

A: I want to lose weight.
B: You look fine now.
A: I want to look thinner.
B: Don't get so thin!

살을 빼고 싶어.
지금 좋아 보여.
더 말라 보였으면 좋겠어.
너무 마르지는 매!

Extension

A: I think I need to go on a diet.
B: You look great now.
A: I want to look like Jessica Alba.
B: Stop it! You are very beautiful now.

난 다이어트를 해야 할 것 같아.
지금도 멋져 보이는데.
Jessica Alba처럼 보였으면 좋겠어.
그만해! 지금도 무척 아름다워.

[get+형용사]는 '(어떤 상태가) 되다[되게 하다]'라는 의미로, 사람의 감정이나 신체상의 변화, 자연이나 사회의 변화를 나타낸다.

» get angry 화가 나다
» get bored 지루해지다
» get hungry 배가 고파지다
» get fat 살이 찌다

WORDS & EXPRESSIONS

lose weight 살을 빼다   **thin** 형 마른   **go on a diet** 다이어트를 하다
beautiful 형 아름다운

CASE 1 단어들을 활용해 대화를 완성하세요.

A: What does _____? (sister, your, look, like)
네 언니는 어떻게 생겼어?

B: This is her in the picture.
이 사진에 있는 사람이 언니야.

A: You _____. (resemble, each, other)
너희 둘 서로 닮았다.

B: I've _____. (a, that, heard, lot)
그런 말 정말 많이 들었어.

CASE 2 대화를 완성해 보세요.

A: What do you think about 내 새 모습?

B: You 아주 달라 보인다!

A: I changed my hair color!

B: That color 아주 잘 어울린다 you!

CASE 3 다음 언급에 적절한 조언을 해보세요.

I want to change my look.

▶ 머리를 자르는 게 어때?
▶ 헤어스타일을 바꾸는 게 어때?
▶ 그러면 아마 너의 메이크업 스타일을 바꿔야 할 거야.

CASE 1. your sister look like / resemble each other / heard that a lot
CASE 2. my new look / look so different / looks great on
CASE 3. Why don't you cut your hair? / Why don't you change your hairstyle? / Then maybe you should change your make-up style.

Chapter 26
성격

Unit 1
How is her personality?

Unit 2
She's so stubborn and obnoxious.

Unit 3
She's the sweetest girl that I have ever met!

Unit 1
How is her personality?

How is her personality?

A: How is her personality?
그녀의 성격이 어때?

B: She's really cool and sweet.
정말 멋있고 다정해.

TIPS

personality는 '성격', '개성'이라는 뜻으로, How is her personality?라고 하면 "그녀의 성격이 어때?"라는 의미이다. 이와 유사한 표현으로 What is she like?(그녀는 어때?)라고 할 수 있다. 이때 대답은 다양하게 나올 수 있으므로 성격에 관련된 여러 표현들을 알아보자.

▶ warm-hearted 마음이 따뜻한 / good-natured 성격이 좋은 / positive 긍정적인 / generous 관대한

She seems like such a great friend.

A: She seems like such a great friend.
그녀는 정말 좋은 친구 같다.

B: Yes! She is the best.
응! 최고야.

TIPS

seem like는 '~처럼 보이다', '~인 것 같다'라는 뜻이며, She seems like such a great friend. 대신 She sounds like a great friend.라고 표현할 수도 있다.

CONVERSATION

A: How is her personality?
B: She's really cool and sweet.
A: She seems like such a great friend.
B: Yes! She is the best.

> 그녀의 성격이 어때?
> 정말 멋있고 다정해.
> 그녀는 정말 좋은 친구 같다.
> 응! 최고야.

Extension

A: What is your boss like?
B: He's awesome! He is really generous.
A: He sounds like a great boss.
B: He's the best!

> 너의 상사는 어때?
> 정말 좋아! 아주 너그러워.
> 좋은 상사처럼 들린다.
> 그는 최고야!

MARK YOU

such와 so는 모두 뒤에 오는 형용사를 수식하는 부사 역할을 하지만 형태가 조금 다르다. such는 [such+(관사)+형용사+명사]의 형태이고, so는 [so+형용사+(관사)+(명사)]의 형태이다.
» such a kind person 무척 친절한 사람
» so pretty 아주 예쁜

WORDS & EXPRESSIONS

personality 명 성격	**cool** 형 멋진	**sweet** 형 다정한	**seem like** ~인 것 같다
best 명 최고	**boss** 명 상사	**awesome** 형 기막히게 좋은, 굉장한	
generous 형 너그러운	**sound like** ~처럼 들리다		

Unit 2
She's so stubborn and obnoxious.

She's so stubborn and obnoxious.

A: She is so rude!
그녀는 너무 무례해!

B: She's so stubborn and obnoxious.
그녀는 정말 완고하고 불쾌해.

TIPS

좋은 성격을 가진 사람도 있지만 그렇지 않은 사람도 많이 있다. 부정적인 성격과 관련된 표현들도 함께 기억하자.

- selfish 이기적인 / picky 까다로운 / cold-hearted 인정머리 없는 / wacky 이상한 / arrogant 오만한
- She's so selfish and picky.   그녀는 정말 이기적이고 별스럽다.

I don't want to talk to her anymore.

A: I don't want to talk to her anymore.
그녀와 더 이상 얘기하고 싶지 않아.

B: I'm not that surprised.
그렇게 놀랄 일도 아니야.

TIPS

I don't want to talk to her anymore. 대신 I'm going to stay away from her.(나는 그녀와 거리를 둘 거야.)라고 표현할 수도 있다.

CONVERSATION

A: She is so rude!
B: She's so stubborn and obnoxious.
A: I don't want to talk to her anymore.
B: I'm not that surprised.

그녀는 너무 무례해!
그녀는 정말 완고하고 불쾌해.
그녀와 더 이상 얘기하고 싶지 않아.
그렇게 놀랄 일도 아니야.

Extension

A: She is really impolite!
B: She's really strange, too.
A: I know. I'm going to stay away from her.
B: I'm not that surprised.

그녀는 정말 무례해!
그녀는 정말 이상하기도 해.
맞아. 그녀와 거리를 둬야겠어.
그렇게 놀랄 일도 아니야.

WORDS & EXPRESSIONS

rude 혱 무례한, 예의 없는　**stubborn** 혱 (흔히 못마땅한 어조) 완고한, 완강한
obnoxious 혱 아주 불쾌한, 몹시 기분 나쁜　**talk to** ~와 이야기하다
anymore 분 더 이상 (~아니다)　**impolite** 혱 무례한, 실례되는　**strange** 혱 이상한
stay away 거리를 두다

Unit 3
She's the sweetest girl that I have ever met!

She's the sweetest girl that I have ever met!

A: She's the sweetest girl that I have ever met!
그녀는 내가 만나본 중에 가장 다정한 여자야!

B: Yes. She really is!
응. 정말 그래!

TIPS

최상급 앞에는 정관사 the가 온다는 것을 기억하자. 또한 sweet 대신 warm-hearted(다정한), good-natured(성격이 좋은) 등을 사용해서 표현해 보자.

▶ She's the most warm-hearted girl that I have ever met.
그녀는 내가 만나본 중에 가장 다정한 여자다.

She's really thoughtful.

A: She's really thoughtful.
그녀는 정말 사려 깊어.

B: Everybody wants to work with her.
모두 그녀와 함께 일하기를 원해.

TIPS

thoughtful은 '사려 깊은'이라는 뜻이다. She's really thoughtful.과 유사한 표현으로 She's so considerate of others.(그녀는 다른 사람들을 잘 배려해.)가 있다.

CONVERSATION

A: She's the sweetest girl that I have ever met!
B: Yes. She really is!
A: She's really thoughtful.
B: Everybody wants to work with her.

그녀는 내가 만나본 중에 가장 다정한 여자야!
응. 정말 그래!
정말 사려 깊어.
모두 그녀와 함께 일하기를 원해.

Extension

A: She's the most warm-hearted girl that I have ever met.
B: She seriously is!
A: She's so considerate of others.
B: I really like her so much!

그녀는 내가 만나본 중에 가장 마음이 따뜻한 여자야.
그녀는 정말 그래!
그녀는 정말 다른 사람들을 잘 배려해.
난 그녀가 정말 좋아.

ever는 부정문, 의문문이나 if가 쓰인 문장에서 at any time(어느 때고/언제든/한 번이라도)이라는 뜻이다.

» Nothing ever happens here.
여기에서는 무슨 일도 생기지 않는다.
» Don't you ever get tired?
넌 지치지도 않니?

WORDS & EXPRESSIONS

sweetest 형 sweet(다정한)의 최상급, 가장 다정한 **thoughtful** 형 사려 깊은
warm-hearted 형 마음이 따뜻한 **seriously** 부 정말, 진심으로
considerate 형 사려 깊은, 남을 배려하는

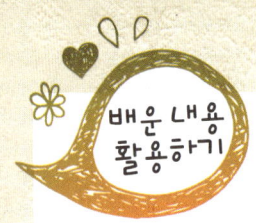

CASE 1 단어들을 활용해 대화를 완성하세요.

A: She's _____ that I have ever met.
(warm-hearted, most, the, girl)
그녀는 내가 만나본 중에 가장 마음이 따뜻한 여자야.

B: She seriously is!
그녀는 정말 그래!

A: She's _____. (of, considerate, so, others)
그녀는 정말 다른 사람들을 잘 배려해.

B: I really like her so much.
난 그녀가 정말 좋아.

CASE 2 대화를 완성해 보세요.

A: She is 정말 무례한!

B: She's 정말 이상한, too.

A: I know. I'm going to 그녀와 거리를 두다.

B: I'm not that surprised.

CASE 3 다음 말에 적절한 응답을 직접 해보세요.

What is your boss like?

▸ 그는 정말 멋있고 다정해.
▸ 그는 정말 굉장해.
▸ 그는 정말 너그러워.

CASE 1. the most warm-hearted girl / so considerate of others
CASE 2. really impolite[rude] / really strange / stay away from her
CASE 3. He's really cool and sweet. / He's awesome. / He is really generous.

Chapter 27
직업

Unit 1
Where do you work?

Unit 2
I'm a graphic designer.

Unit 3
What time do you punch out?

Unit 4
Would you like to change your career?

Unit 1
Where do you work?

Where do you work?

A: Where do you work?
  어디서 일해?

B: I work at LG.
  LG에서 근무해.

TIPS

Where do you work? 대신 Where are you working right now?(지금 어디서 일해?)라고 표현할 수도 있다. 또는 work at 다음에 일하는 장소나 회사 이름을 말해서 자신의 직업이나 직장을 표현할 수 있다.

▶ I'm working at UN. 나는 UN에서 일한다.

I've been working there for 4 years now.

A: How long have you been working there for?
  거기서 얼마 동안 일하고 있어?

B: I've been working there for 4 years now.
  지금 4년 동안 거기서 일하고 있어.

TIPS

How long have you been working there for?는 현재완료 용법 중 '계속'이라는 의미를 담고 있는 표현으로, 과거 일하기 시작한 시간부터 현재 일하는 시간을 포함해서 근무 기간을 묻고 있다. 같은 의미로 How many years have you been there for?로도 표현할 수 있다. 현재완료로 질문하면 현재완료로 대답해야 한다는 것도 알아두자.

CONVERSATION

A: Where do you work?
B: I work at LG.
A: How long have you been working there for?
B: I've been working there for 4 years now.

어디서 일해?
LG에서 근무해.
거기서 얼마 동안 일하고 있어?
지금 4년 동안 거기서 일하고 있어.

Extension

A: Where are you working right now?
B: I'm working at Citibank.
A: How many years have you been there for?
B: This is my third year.

지금 어디에서 일해?
시티은행에서 일하고 있어.
거기서 몇 년 동안 일하고 있어?
올해가 3년째야.

WORDS & EXPRESSIONS

work for ~에서 근무하다, 일하다
work at ~에서 일하다, 직장에 다니다
right now 지금 당장
third 명 세 번째

Unit 2
I'm a graphic designer.

I'm a graphic designer.

A: What do you do?
  무슨 일을 해?

B: I'm a graphic designer.
  난 그래픽 디자이너야.

TIPS
What do you do?는 상대방의 직업을 물을 때 쓰는 가장 일반적인 표현이다. 이외에 What do you do for a living?이나 What's your job? 또는 What kind of work do you do? 등으로 표현할 수 있다.

I really enjoy my work.

A: That sounds so cool!
  아주 멋지게 들린다!

B: I really enjoy my work.
  정말 내 일을 좋아해.

TIPS
That sounds so cool! 대신 That seems like a great job.(멋진 직업처럼 들려.)이라고 할 수 있으며, I really enjoy my work. 대신 I really love my job.이나 I really like what I do.(나는 내가 하는 일이 정말 좋아.) 등으로 바꿔 표현할 수 있다.

CONVERSATION

A: What do you do?
B: I'm a graphic designer.
A: That sounds so cool!
B: I really enjoy my work.

> 무슨 일을 해?
> 난 그래픽 디자이너야.
> 아주 멋지게 들린다!
> 정말 내 일을 좋아해.

Extension

A: What do you do for a living?
B: I'm a physical therapist.
A: That seems like a great job.
B: I really like what I do!

> 어떤 일을 해?
> 난 물리치료사야.
> 멋진 직업처럼 들린다.
> 난 내가 하는 일이 정말 좋아!

WORDS & EXPRESSIONS

graphic 형 그래픽의 **designer** 명 디자이너 **cool** 형 멋진 **enjoy** 동 즐기다
work 명 (생계 · 벌이를 위한) 일, 직장, 직업 동 일하다 **physical** 형 육체의
therapist 명 치료사

Unit 3
What time do you punch out?

What time do you punch out?

A: What time do you punch out?
몇 시에 퇴근해?

B: I'm off at six.
여섯 시에 퇴근해.

TIPS

"몇 시에 퇴근해?"라는 표현으로는 What time do you punch out? 이외에 When do you get off work?나 What time do you get off work?가 있다. punch out은 '퇴근하다'이고, punch in은 '출근하다'라는 뜻으로 출·퇴근 기록계에 자신의 출퇴근 카드를 찍는 것에서 유래한 표현이다.

Do you work overtime?

A: Do you work overtime?
야근해?

B: Yes, I have to work late at the end of the month.
응, 월말에는 야근을 해야 해.

TIPS

work overtime은 '야근하다'라는 의미이며, work nights나 work late 등도 같은 의미이다. 이 외에도 Do you get any overtime pay?(야근 수당을 받니?)라는 표현도 함께 알아두자.

CONVERSATION

A: What time do you punch out?
B: I'm off at six.
A: Do you work overtime?
B: Yes, I have to work late at the end of the month.

> 몇 시에 퇴근해?
> 여섯 시에 퇴근해.
> 야근해?
> 응, 월말에는 야근을 해야 해.

Extension

A: What time do you get off work?
B: Around 7 o'clock.
A: How many times do you work overtime?
B: I usually work late at the end of the month.

> 몇 시에 퇴근해?
> 7시쯤.
> 얼마나 많이 야근해?
> 월말에는 보통 야근을 해.

usually는 빈도표시 부사로, 어떤 일이 '얼마나 자주' 일어나는지를 말할 때 사용한다. 빈도표시 부사는 보통 be동사나 조동사 뒤, 일반동사 앞에 위치한다. 가장 드물게 일어나는 경우에서 자주 일어나는 순서는 아래와 같다.

never < rarely/seldom < sometimes < often/frequently < usually, normally < always/constantly

WORDS & EXPRESSIONS

punch out (출·퇴근 기록 카드를 특수 장치 속에 넣어) 퇴근 시간을 찍다[퇴근하다]   **be off** 나가다
overtime 몡 초과 근무, 야근   **late** 튀 늦게   **at the end of** ~의 말에   **get off** 떠나다
around 튀 약, ~쯤   **usually** 튀 보통, 일반적으로

Unit 4
Would you like to change your career?

Would you like to change your career?

A: Would you like to change your career?
직업을 바꾸고 싶어?

B: Yes, I'm thinking about quitting.
응, 직장을 그만둘 생각이야.

TIPS

"직업을 바꾸고 싶어?"는 Do you want to change your job? 또는 Are you considering changing your career? 등으로 표현할 수 있다.

What kind of work do you want to do?

A: What kind of work do you want to do?
어떤 일을 하고 싶어?

B: I want to work in the fashion industry.
패션 산업에서 일을 하고 싶어.

TIPS

What kind of work do you want to do? 이외에 What career do you want?(어떤 일을 하고 싶어?)라는 표현도 알아두자. 이에 대한 대답은 매우 다양할 수 있는데 다음 몇 가지 직업과 관련한 표현을 알아두자.

- ▶ lawyer 변호사 / public servant 공무원 / architect 건축가 / day laborer 일용직 / housewife 주부
- ▶ I'm self-employed. 나는 자영업자이다.

CONVERSATION

A: Would you like to change your career?
B: Yes, I'm thinking about quitting.
A: What kind of work do you want to do?
B: I want to work in the fashion industry.

> 직업을 바꾸고 싶어?
> 응, 직장을 그만둘 생각이야.
> 어떤 일을 하고 싶어?
> 패션 산업에서 일을 하고 싶어.

Extension

A: What career do you want next?
B: I want to work in the fashion industry.
A: When are you thinking about quitting?
B: I want to quit within 2 years.

> 다음에 어떤 직업을 가지고 싶어?
> 패션 산업에서 일하고 싶어.
> 언제 그만둘 생각이야?
> 2년 안에 그만두고 싶어.

WORDS & EXPRESSIONS

career 명 직업, 직장 생활　**quit** 동 그만두다　**fashion** 명 패션　**industry** 명 산업
within 전 (특정한 기간) 이내에[안에]

CASE 1 단어들을 활용해 대화를 완성하세요.

A: _____ right now? (you, are, where, working)
지금 어디에서 일해?

B: I'm working at Citibank.
시티은행에서 일하고 있어.

A: How many years _____?
(there, been, you, have, for)
거기서 몇 년 동안 일했어?

B: This is my third year.
올해가 3년째야.

CASE 2 대화를 완성해 보세요.

A: What time 너는 퇴근하니?

B: I'm off at six.

A: Do you 야근하다?

B: Yes, I have to work late 월말에.

CASE 3 다음 질문에 대한 답을 직접 해보세요.

What kind of work do you want to do?

▸ 패션 산업에서 일을 하고 싶어.
▸ 디자인 분야에서 일하고 싶어.
▸ 연예 산업에서 일을 하고 싶어.

CASE 1. Where are you working / have you been there for
CASE 2. do you punch out / work overtime / at the end of the month
CASE 3. I want to work in the fashion industry. / I want to work in the design field. / I want to work in the entertainment industry.

★네이티브는 짧게 말한다

I will get off this station.
→ This is my station.

I will get off this station.도 맞는 표현이지만 실제로 네이티브들이 많이 쓰는 표현은 This is my station.이다. 이처럼 실제로 원어민은 짧고 간단하고 쉬운 표현을 쓴다. 네이티브의 표현에는 몇 가지 특징이 있다. 우선 쉬운 표현을 사용하고, 우리에게는 익숙하지 않지만 사물을 주어로 사용하는 경우가 많다. 이외에도 중복된 표현이나 관계사를 쓰지 않는 짧은 문장을 사용한다. 그리고 명령 형태를 잘 쓰지 않고, 주어가 긴 문장도 피한다. 앞으로 영어로 말하는 경우에는 이런 부분들을 염두에 두고 대화하자.

★연습하기

다음 문장을 영어로 생각해 보고, 네이티브가 자주 쓰는 표현으로 바꿔 보자.

1. "그 문제는 이미 조사하고 있어."
   I am already investigating the matter.
   → I'm on it. (간단한 표현)

2. "이 책은 일주일 안에 다 읽지 못할 거야."
   I won't finish reading this book for one week.
   → This book will take over a week. (사물 주어)

3. "이 사진이 우리 가족사진이야."
   This photograph is a picture of my family.
   → This is my family. (중복을 피한 표현)

4. "난 환경에 관한 책을 읽었어."
   I read a book which was about the environment.
   → I read a book on the environment. (관계사 사용을 피한 표현)

레이나의 Pops English

스타킹 출연 웨이브 잉글리쉬 강의로 활용돼 화제가 된
브리트니 스피어스 'Oops!...I Did It Again'을 비롯,
휘트니 휴스턴 'Didn't We Almost Have It All'
웨스트라이프 'You Raise Me Up'
레이첼 야마가타 '1963', 케샤 'We R Who We R' 등
영어 공부에 흥미를 더할 수 있도록 엄선된
최고의 인기 팝 36곡이 수록된 2CD 앨범

음악을 통해 들린다! 리듬을 타고 익힌다!
즐기지 않고는 못 배기는 영어 공부!
레이나와 함께 하세요~

추가구성 1 ♥ 레이나의 사진집
얼짱 영어강사 다운 아름다운 그녀의 사진들을 담아낸 24페이지 사진집

추가구성 2 ♥ 레이나의 Secret Note
앨범 전곡의 가사와 한글 번역, 그리고 레이나가 직접 정리한 문법 노트가
깨알같이 담긴 140페이지 소책자

Secret Note 중에서

웨이브 잉글리쉬의 창시자!
SBS 스타킹, EBS 국내 최고 영어전문가로 활약중인 레이나!
그녀가 제안하는 영어 울렁증 극단 처방전

레이나의
Pops English

EBS 얼짱 강사 레이나의 올 어바웃 스피킹

All About Speaking

영어울렁증 극복 프로젝트